オペレーションズ・マネジメント選書

山口雄大 著
Yudai Yamaguchi

マーケティングとサプライチェーン
マネジメント(SCM)をつなぐ

需要予測の
戦略的活用

日本評論社

JUGAAD（ジュガール）……ヒンディー語。名詞。最低限の道具や材料で、とにかく、どうにかして、問題を解決すること。

出所：エラ・フランシス・サンダース（2016）『翻訳できない世界のことば』前田まゆみ訳、創元社.

はじめに

●オペレーションズマネジメントとは

　本書が一部を構成するオペレーションズマネジメント選書シリーズは、日本ではまだなじみの薄い方が多い、「オペレーションズマネジメント」（Operations Management）の各種概念を、アカデミックとビジネスの両目線で体系的に整理したものです。オペレーションズマネジメントとは、

　「入力を完成品やサービスに変換する活動についての計画立案や日程計画立案や管理を行うこと」（APICS, 2018）

と定義されています。海外のビジネススクールでは必修科目の一つとなっている場合がほとんどですが、日本ではまだ一部の大学でしか教育プログラムに取り入れられていません。一方でどんなに素晴らしい経営戦略を立案でき、それを正しい財務、会計知識を踏まえて管理することができても、オペレーションとして実行できなければ経営成果は生み出せません。つまり、オペレーションズマネジメントはきちんとまなぶべき領域であるものの、その機会を日本で得ることは大変難しいという状況なのです。そこで、オペレーションズマネジメントの一大領域であるSCM（サプライチェーンマネジメント）を日本で体系的に学習できる唯一のコースといって良い「ストラテジックSCMコース」コーディネーターの高井英造先生を中心に、本オペレーションズマネジメント選書シリーズが刊行されることとなりました。本シリーズが日本の多くの実務家にとって、オペレーションズマネジメントを実行する際の指針になると信じていますし、これが日本のオペレーションズマネジメント教育が整備される一助になれば大変嬉しいです。

●本書のねらいと特長

　本書はオペレーションズマネジメントの中でも、物と情報の流れを管理するSCMのトリガー、**需要予測**をメインテーマとして扱います。需要予測を簡単に

定義すると、

　　　　何が、いつ、（どこで）、何個売れるのかを予測すること
ですが（より詳細な定義は本書２章参照）、本書のオリジナルな特長は大きく次
の３つになります。

（１）需要予測に関連する海外の論文や書籍を大量に参照している
（２）アカデミックな理論による演繹的な考察とビジネス事例からの帰納的な考
　　　察を行き来している
（３）需要予測と離れた領域の知を掛け合わせたアイデアの創出を試みている

　なぜ海外の論文や書籍を参照しているかというと、そもそも日本語で書かれた
需要予測の教科書はほとんどないからです。2018年に上梓した拙著『需要予測の
基本』（日本実業出版社）は、SCM 教育を世界レベルで体系化している APICS
が発行しているテキストや（Demand Management の章のみ）、日本で行われて
いる主要な需要予測セミナーの内容は網羅しています。ただし、需要予測や
SCM の新任担当者向けに基礎的なエッセンスを丁寧に整理したものでした。
　今回は、日本よりも圧倒的に需要予測を重視し、研究も盛んな海外の書籍や論
文もカバーし、より広範な知見を整理しています。海外では「Demand Plan-
ning」や「Demand Forecasting」という、需要予測を意味する言葉がタイトル
になった論文や書籍が毎年のように発表されています。学術データベースにアク
セスできる方はぜひ一度、これらのワードで検索してみてください。多くの人が
関心を持ち、事例やアイデアが公表され、議論されてこそその領域の知が深まる
と感じています。
　２点目について、筆者は様々な業界のメーカーや大学等で需要予測に関する講
演をしてきました。150社2,000人以上の実務家、SCM をまなぶ学生の方々との
需要予測に関するディスカッションから、業界共通の課題や需要予測の本質につ
いて考えることができました。一方で、同時期に筆者自身もビジネススクールで
様々な経営理論をまなびました。ワールドビジネスサテライトでお馴染みの入山
章栄教授が指導教官であったこともあり、
・世界標準の経営理論を「思考の軸」に、演繹的に現実のビジネスの課題解決を
考える

という新しい思考法をまなぶことができました。そこで筆者は世界で発表されている需要予測のアカデミックな研究成果と、現実のビジネスにおける様々な業界の事例という両サイドから、需要予測の進化について考えるようになりました。そこから生まれたアイデアを、特に後半の「戦略的活用編」で整理しています。

　最後の特長は、離れた領域にある知の融合によって、イノベーティブな需要予測アイデアの創出を試みていることです。この考え方は古く、1926年にSchumpeter が「New Combination」と呼び、新しいアイデアは既存の知の新たな融合によって生まれると述べたことに依拠しています。また、March は組織が学習によって進化していくためには「Exploration & Exploitation」、つまり「知の探索と知の深化」（訳：入山章栄）が重要だということを、なんと1991年にシミュレーションで明らかにしてします（March, 1991）。これらの過去の研究知見を踏まえ、需要予測の進化に対し、離れた知との融合にヒントを求めています。具体的には、筆者の元々のバックボーンである認知科学やビジネススクールでまなんだ経営学、名前すら聞いたことがない方が多いと思われるオペレーションズリサーチなどと需要予測を掛け合わせたアイデアを紹介します。

　想定する主な読者は、メーカーにおける SCM やマーケティングの中でも特に、需要予測に携わる実務家と、そういった職種をマネジメントするディレクター層となります。特に需要予測に関するマインドの部分は、前著でも役員、部門長レイヤーの方々からコメントいただくことが多く、マネジメントする上で大変重要になることがわかってきました。また、メーカーをクライアントとするコンサルタントや SIer の方々にも参考になるかもしれません。ただし、コンサルティングファームで実務経験を積んでも需要予測のプロフェッショナルにはなれません。需要予測では、予測の対象となるビジネス領域に精通することが重要であり、それは外から分析者目線で関わるよりも、実際に内側に飛び込んで体感しないと、その肌感覚は養われないからです。

　そして、想定しない読者は、需要予測のモデルをシステムに実装する研究者やシステムエンジニアの方々です。本書では各種需要予測モデルの数式の詳細な解説はしません（ただし、原著は参考文献として紹介します）。というのも正直、それを突き詰めてもビジネスにおいて大きな価値を生むとは感じていないからです。それよりも、ビジネス目線で需要予測をどう効率的に、かつ戦略的に活用し

ていくか、の方がビジネスでは圧倒的に重要だと考えています。需要予測のプロフェッショナルとは、数学や統計学のプロフェッショナルではなく、その基本概念は理解した上で、ビジネス知識とコミュニケーション力を備えた人のことを指します（詳細は本書19章参照）。

　最初に申し上げておくと、本書を読破しても、需要予測のプロフェッショナルにはなれません。これは本書に限らず、マーケティングやマネジメント、コンサルティングについても同様だと思います。しかし、先人たちが経験から得た知が整理された書籍を読むことで、その領域の知識が備わると共に、マインドが劇的に変化します。その上で実務経験を積むことで、そうでない人と比較して圧倒的なスピードでプロフェッショナルになることができるでしょう。本書が一人でも多くの実務家に需要予測の意義を伝え、そしてプロフェッショナルになるためのマインド醸成に役立つことを願っています。

　需要予測にフォーカスした日本語の書籍が少ないのは、日本ではまだメジャーな業務領域だと認識されていないからです。さらに応用レベルの内容となると、書籍化は極めて難しい状況でした。それでも今回、基礎知識の整理だけでない、需要予測の専門書を上梓させていただくことができました。日本評論社の小西ふき子編集部長と若栗泰人さん、斎藤博さんに感謝申し上げます。また、経営理論をかけ合わせた需要予測の理論は、早稲田大学の入山章栄教授の指導で構築することができました。そして、日本のSCM教育の一つの核となる、オペレーションズマネジメント選書の執筆にお声がけくださった高井英造先生にも感謝申し上げます。

参考文献

March, J. G.（1991）"Exploration and exploitation in organizational learning," *Organization Science*, 2（1）, 71-87.

APICS（2018）『第15版　サプライチェーンマネジメント辞典　APICS ディクショナリー対訳版―グローバル経営のための日英用語集』日本 APICS コミュニティー APICS Dictionary 翻訳チーム／日本生産性本部グローバル・マネジメント・センター訳、生産性出版.

山口雄大（2018）『この1冊ですべてわかる　需要予測の基本―SCM とマーケティングを劇的に変える』日本実業出版社. ＊2021年に新版刊行.

目　　次

はじめに　　i

【第1部　基礎編】

第1章　経営戦略としての SCM ────────────── 3

　　1.1　SCM の役割と経営指標　4
　　1.2　経営層が SCM をコントロールする S&OP　6
　　1.3　S&OP の限界　9
　　1.4　先端技術で変わる SCM と企業の競争力　11

第2章　需要予測に必要な3つの学問領域 ────────── 15

　　2.1　時間のギャップを埋める需要予測　16
　　2.2　予測とは過去データの分析　18
　　2.3　需要予測は意思決定で完結する　19
　　2.4　エース一人では勝てない世界　21

第3章　需要予測でつながるサプライチェーン ──────── 25

　　3.1　SCM のトリガー　25
　　3.2　需要予測がはずれたら　27
　　3.3　需要予測を担う組織　29
　　3.4　専門職として育成すべきデマンドプランナー　31
　　コラム　在庫の種類　32

第4章　マーケティングと SCM を結ぶ需要予測 ——————————————35

4.1　マーケティングの3機能と需要の3層構造　35
4.2　ストラクチャルホールとしての需要予測　38
4.3　ブランド価値を支える需要予測　40
4.4　目指すはマーケターからの信頼　41

第5章　需要予測のグローバルスタンダード ——————————————45

5.1　世界で体系化される SCM の知見　45
5.2　デマンドマネジメント　49
5.3　需要予測の前提を決める　51
5.4　デュアルフォーキャスティング　57

第6章　基礎的な需要予測モデル ——————————————61

6.1　3種の予測モデル　61
6.2　時系列モデルの起源、指数平滑法　64
6.3　シンプルな移動平均法　66
6.4　季節性とトレンドを考慮するホルト・ウインタースモデル　67

第7章　やや応用的な需要予測モデル ——————————————71

7.1　ARMA モデル　71
7.2　ARIMA モデル　73
7.3　状態空間モデル　76
7.4　機械学習による需要予測　77
コラム　時々爆発する需要を予測する!?　79

第8章　新製品の需要予測 ——————————————81

8.1　重回帰分析的な考え方　83
8.2　類似品ベースの予測ロジック　85

8.3 バトル型とコワーキング型のコミュニケーション 86

8.4 モデルよりも重要なナレッジマネジメント 89

第9章 **発売直後の需要予測**――――――――――――――――――――93

9.1 需要予測のリバイスを妨げるもの 93

9.2 時間的拡大 94

9.3 空間的拡大 95

9.4 Agility & Accuracy 96

【第2部　戦略的活用編】

第10章 **需要予測高度化のための6ファクター**―――――――――――103

10.1 需要予測の成熟度診断 103

10.2 予測用データとロジック 104

10.3 予測システムと予測のマネジメント 106

10.4 予測のための組織とスキル 107

コラム　日本企業のための需要予測診断 110

第11章 **需要予測のためのデータマネジメント**―――――――――――113

11.1 ビッグデータだけでは足りない 113

11.2 過去からまなぶAI vs 過去を越えるマーケティング 115

11.3 見直されるプロフェッショナルの暗黙知 117

11.4 多面的需要予測の意義 118

コラム　AI予測値を解釈するプロフェッショナル 119

第12章 **アナリティクス予測の実践**――――――――――――――――123

12.1 予測モデルによるシナリオ分析 123

12.2 需要予測のセグメンテーション 125

12.3 予測モデルのつくりかた 128

12.4　コンセンサス予測　129

コラム　２次のカオス系としての需要予測　131

第13章　ヒューリスティクス予測——————————————————133

13.1　２種類の思考プロセス　133

13.2　様々な認知バイアスと需要予測　135

13.3　予測誤差の分解　137

13.4　不確実な環境における直感予測　138

第14章　プロフェッショナルの直感予測——————————————143

14.1　感覚を数値化するAHP　144

14.2　直感予測力を測る!? 市場感応度バイアス　147

14.3　直感的予測モデルの精度　148

14.4　不確実な環境における未来予測の突破口　151

コラム　集合知による需要予測　151

第15章　需要予測システムの活用法——————————————155

15.1　システム活用のための準備　155

15.2　ITシステム活用の３つの目的　158

15.3　需要予測のデジタルトランスフォーメーション　161

15.4　DXで変わるデマンドプランナーのしごと　162

コラム　需要予測システム評価のチェックリスト　164

第16章　当たらない需要予測の価値——————————————167

16.1　不確実性をリスクに変える予測精度　167

16.2　代表的な予測精度指標　169

16.3　その他の予測精度指標　171

16.4　デマンドプランナーによる戦略在庫　174

第17章　**デマンドブリーフ**—————————————————————177

　　17.1　デマンドブリーフの３つのキーワード　177
　　17.2　インテリジェンス機能としての需要予測　178
　　17.3　市場変化の察知と解釈　180
　　17.4　予測と計画の乖離の可視化　181
　　コラム　ミクロフォーキャストとマクロフォーキャスト　183

第18章　**知を継承する需要予測組織**—————————————————185

　　18.1　独立機能である必要性　185
　　18.2　需給調整におけるエージェンシー問題　187
　　18.3　組織学習で蓄積する予測知見　189
　　18.4　暗黙知の継承　190
　　コラム　デマンドプランナーのKPI　193

第19章　**需要予測のプロフェッショナル人材**—————————————197

　　19.1　需要予測のスキル定義と教育　197
　　19.2　デマンドプランナーの正式認定　200
　　19.3　デマンドプランナーのロールモデル　201
　　19.4　デマンドプランナー育成の経営的な効果　202

おわりに　205

Appendix　筆者による需要予測の調査概要　210

索引　211

【第１部　基礎編】

第1章

経営戦略としての SCM

　需要予測の話に入る前に、まずはそれが一機能として含まれるサプライチェーンマネジメント（SCM：Supply Chain Management）について概説します。本書では特に、経営戦略との関わりについてフォーカスします。というのも、筆者が実務で SCM に携わる中で、経営における重要さが年々増していっているように感じられるからです。筆者がこの10年で主に扱ってきた商材は消費財、特に化粧品ですが、日本における化粧品市場はこの間、劇的に変化しました。それは2014年10月の免税対象品目の増加以降、日本の化粧品市場は過去数十年では見られなかった規模で急拡大したからです。

　それ以前は外資メーカーや他業界からの参入によって、国内の化粧品市場は競争が激化し、既存のメーカーは継続的なシェアの減少に苦しんでいました。国内の市場自体が飽和していたため、シェアの減少は売上高の減少を意味し、SCMは売上の漸減傾向の中でいかにコストを削減するかが重要視されていたわけです。

　しかし2015年以降は市場自体が拡大傾向に転じ、特に過去から歴史とストーリーを積み上げてきたブランド力の高いメーカーは、意図しない売上の急拡大に直面することとなりました。そこでは製品の安定供給が企業の成長に直結するという、SCM の新たな価値がスポットを浴びる環境へと変化したのです。

　それでは企業の成長を測る経営指標と SCM には、どのような関係があるかを整理しましょう。

1.1　SCM の役割と経営指標

　まずは言葉の定義です。物を扱うメーカーにとって生命線ともいえる**サプライチェーン**（Supply Chain）は、APICS によると次の通り定義されています。

　サプライチェーン……経営工学的観点で設計された情報、モノ、カネの流れを通じた原材料から最終顧客に到る製品やサービスの配送に活用されるグローバルなネットワーク。

（APICS, 2018）

　サプライチェーンは、
・販売現場との情報コミュニケーション
・需要予測
・在庫補充
・生産
・原材料の調達
・物流管理
といった多様な機能が連携されて構成されます。それらがスピーディーに正しい情報を共有することで、経営における最適化を目指すのが SCM という概念になります。経営における最適化とは、物（製品）の品質や安全性を高いレベルで保ちつつ、在庫管理コストや輸配送コスト、製造原価といった各種コストを削減することを指します。

　在庫には完成品だけでなく、原材料や仕掛品も含まれますが、これらは棚卸資産として財務諸表（中でも貸借対照表；バランスシート）に掲載されます。財務諸表には、ある時点の企業の状態を表す貸借対照表、一定期間における売上高や利益を管理する損益計算書、お金の流れを管理するためのキャッシュフロー計算書の3種があります。株主はこれを参考に企業の経営を評価していると考えられますが、棚卸資産が過去の水準や同業界他企業と比較して多いと、余分な在庫を抱えていると思われます。余分な在庫がなければ、その分のお金を他の事業活動に使えたはずであり、これは企業の評価にマイナスの影響を与える可能性が高いと考えられます。

つまり SCM によって在庫を適切にコントロールすることで、余分な棚卸資産を持たなくし、経営に貢献することができるのです。このように直接、財務諸表へ影響する棚卸資産以外にも、在庫保管費や輸配送費を削減することで利益を増やし、損益計算書やキャッシュフロー計算書にプラスの影響を与えることもできます。その代表的な指標の一つが **ROA**（Return on Assets）です。

　筆者は2015年に東京工業大学の「ストラテジック SCM コース」で初めて体系的に SCM をまなびました。その第 1 回で SCM と経営指標、特に ROA との関わりについて教えていただきました。ROA とは、次の式で表される、経営を評価する一つの指標です。

$$ROA（総資本事業利益率）＝（営業利益＋受取利息・配当金等）／$$
$$期首・期末平均の使用総資本$$

（桜井・須田, 2018）

企業が持つ総資本に対する、事業活動による利益（営業利益とされることが多い）であるため、資産をいかにうまく活用して利益を上げられているかを表す指標といえます。この ROA に、SCM は分母にも分子にも影響を与えます。まずわかりやすいのが分母である総資本です。これには棚卸資産が含まれるため、SCM で適切に在庫をコントロールすることで、不要な増大を防ぐことができます。そして分子である利益にも影響を与えます。利益は次の式で分解できます。

$$利益＝売上高－コスト$$

ここで SCM は各種コストの削減によって利益を増大させるということは想像しやすいと思いますが、売上高の増加にも貢献できると考えています。なぜなら在庫を適切に用意することで需要変動に対応し、売上の機会損失を防ぐことで企業の成長機会を創出するという役割もあるからです。つまり、ROA の分母である総資本を縮小するだけでなく、売上高を上げることで分子の利益拡大にも貢献できるということです。以上のように、SCM の活動は財務 3 表や ROA といった経営指標を通じて、経営への貢献が数字に表れる重要なものなのです（**図 1-1**）。

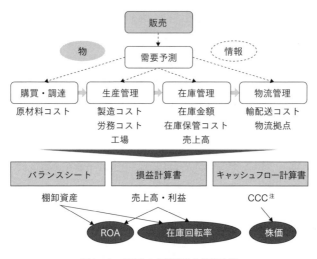

図1-1　SCMの各種機能と経営目標
注：CCC（Cash Conversion Cycle）

1.2　経営層がSCMをコントロールするS&OP

　経営とSCMの関連がフォーカスされた概念が、近年話題のS&OP（Sales and Operations Planning）といえるでしょう（**図1-2**）。これはメーカーにおいて販売計画と生産（供給）計画を連携させ、そこに経営層のマネジメントをしくみとして入れる、という考え方になりますが、APICSの定義では次の通りとなっています。

S&OP……新製品・既存製品の顧客重視型マーケティング計画と、サプライチェーンの管理とを融合し、継続的な競争優位性の確立へ向けて戦略的に事業を推進する能力を経営者に提供する、戦略的計画の策定プロセス。

（APICS, 2018）

　2012年に発表されたレビュー論文では、1998年から2010年の間に発表されたS&OPに関する271本がチェックされていて、中でも一定の質が担保できた55本の分析を通じ、S&OPの特徴は次の通り整理されています（Thomé *et al.*, 2012）。

図1-2　S&OP の概念

（1）企業内の機能横断かつ統合的な計画立案プロセスである
（2）あらゆる計画が統合される
（3）計画の対象期間が18ヵ月を超える
（4）戦略とオペレーションを連携する
（5）企業の活動を通じて価値を生み出す

S&OP の黎明期ともいえる1998年に発表された Gianesi（1998）では、
・生産機能における戦略とオペレーションの整合
・複数の機能にまたがる戦略や意思決定の整合
の重要性が指摘されています。つまり SCM 部門の中で行われてきた需給調整と
は、コミュニケーションの内容や関係者の幅広さが大きく異なるということです。
　筆者はこれに加え、"単に事業計画を SCM に連携させるのが S&OP ではない"
ということを主張しています。S&OP はまだ日本に持ち込まれて日が浅い概念
だからだと思いますが、ワンナンバーの必要性や S&OP による計画精度向上と
いう飛躍した解釈が散見されます。先述の特徴を改めて踏まえると、S&OP を
導入してもすぐに計画精度が上がるわけではないことがわかるはずです。また、
事業計画をただ SCM に連携させることをワンナンバーと呼んで是とするのは、
むしろデメリットがあると考えています。なぜなら、一つの数字のみでのマネジ
メントでは、需要の変動可能性を評価することができず、需給リスクをヘッジす
るアクションを検討しづらいからです。

実際、U.S.の研究団体 Institute of Business Forecasting and Planning が発表した調査結果では、S&OP を導入した71％のメーカーのうち、24％しか経営的な効果（ROA や在庫回転率の向上）を創出できていないそうです（Jain, 2016）。つまり、ほとんどの企業が S&OP をうまく運用できていないわけです。これはおそらく、みなさんの感覚に合うことでしょう。

　筆者はこの理由が、企業が扱う SKU（Stock Keeping Unit）数による S&OP の難易度の違いを考慮していないことにあると考えています。もちろん SKU 数以外にも、専属部隊の不在や IT システムの非活用など、いくつか要因はあるでしょう。例えば、数ある S&OP をテーマとした論文の中でも引用回数が多い Olhager & Selldin（2007）では、S&OP は製品の量や設計、供給や生産のリードタイムなど、ビジネス環境の不確実性の程度によって、採用される戦略や意思決定は変わり、その選択が企業のパフォーマンスに影響することが示されています。

　この論文では環境の不確実性がフォーカスされていますが、筆者は、企業が選択したビジネスモデルによると認識しています。どのビジネスフィールドで戦い、どのようにライバルと差別化するのかという意思決定によって、ビジネス環境の不確実性をある程度、選択することになるからです。筆者が S&OP を検討する際に重要だと主張している SKU 数は、Olhager & Selldin（2007）になぞらえると、製品の量ということになり、それは製品の設計や各種リードタイムとも強く関連します。

　このように、S&OP は企業の属するビジネス環境やポジション、採用する戦略に合わせたアレンジが必要だと考えられますが、多くの企業においてその考慮は不十分である可能性があります。本質を理解しないまま、独自の、またはある一企業の S&OP を闇雲に適用することは、一般解にはならない可能性が高いと考えています。筆者が考える S&OP を成功させるための一つの解は、まず、需要予測の精度を可能な限り高めることです。これは丁寧に説明すべき内容であるため、本書後半の10章でより具体的に述べたいと思います。また、需要予測のできる限りの精度向上と同時に、その企業にとっての S&OP を導入する目的を明確にし、オペレーションを担うメンバーに腹落ちしてもらうことが重要です。

1.3　S&OPの限界

　概念としては納得しやすいS&OPですが、その運用は
・ビジネス環境の変化に合わせて、各機能の戦略の整合を継続的に行うこと
・関係する各機能に対するマネジメント層の深い理解
・信頼できる中長期の需要予測に基づくプロアクティブなアクション
・機能間のコンフリクトを踏まえた戦略指標（KPI：Key Performance Indicator）
　の優先順位づけ

（Gianesi, 1998）

などが難しいことによって、経営的な成果につなげられている企業は少ないというのが実態です。一方で、仮にS&OPをしくみとして定着させることができたとしても、一定の限界があることはおさえておく必要があると考えます。それは、1年から1年半程度の期間でできるアクションしか有効にならない、ということです。S&OPの対象期間は、数ヵ月から半年程度を見据える需給調整よりは長いとはいえ、直近のトレンドに基づく需要予測や来年度の事業計画を踏まえた需給ギャップが焦点となります。それに対してトップマネジメントが意思決定を行うのですが、例えば製造ラインの追加や新製品発売時期の変更といったアクションは選択できても、新しい工場や物流センターの設立、AIなどの新技術の導入といった、数年単位の時間がかかる大がかりなアクションは間に合いません。

　実際ある消費財メーカーでは、S&OPのしくみは導入していたものの、インバウンド需要の急拡大によって需要が供給キャパシティを大きく超える状態となり、危機的な製品供給状況となりました。インバウンド需要の拡大を踏まえ、早期に需要予測は修正されたものの、その需要予測と供給キャパシティのギャップを埋めるためにできる中期的なアクションはほとんどなく、結果、数年以上にわたって製品の供給不足が継続してしまいました。

　筆者は販売計画と生産計画の連携ではなく、より大きな概念として、企業の成長戦略と供給キャパシティ（Business and Supply Capacity）という概念を提唱しています（山口, 2018）。これは3年から5年くらいの長期戦略を、SCM軸でブレイクダウンして製品供給キャパシティを考えるというアイデアです。しかしこれをしくみとして実務で運用するのは、スキルやシステムの面から簡単ではな

いでしょう。

　それではこのような S&OP の限界も踏まえると、現実的には SCM 部門は経営のために何ができるのでしょうか？　筆者が考える答えは 2 つあります。

（1）中期の需給ギャップをモニタリングする
（2）製品の供給優先順位を提案・管理する

　一つめは、取り扱う SKU 数が多い企業ではおそらく IT システムの活用が必要になります。需要予測と原材料の調達、生産管理を担う SCM 部門だからこそできる情報管理です。製品（完成品）の需要予測を原材料レベルまで分解し、原材料、完成品それぞれの生産キャパシティとのギャップを可視化して継続的にモニタリングするしくみです。これがあると、需要予測が更新される度に、どの原材料や製造ラインが不足しそうかを把握することができます。もちろん、原材料の生産キャパシティは自社では把握しきれないことがほとんどでしょうし、製造ラインのキャパシティも固定値で設定するのが難しい場合もあるかと思います。しかしそもそもの需要予測も完璧ではないため、ある程度の精度のシミュレーションと捉え、過去実績を踏まえつつしくみを設計するのが現実的だと考えています。AI を使ったキャパシティの推定も有効かもしれません。

　二つめは、限りある生産キャパシティの中で、需要の規模がそれを超えてしまった場合、何を優先的に生産するのかを決めることです。といってもこれはもちろん SCM 部門だけで決めるのではなく、SCM 部門は SKU 別の需要と生産キャパシティに社内で最も詳しいはずなので、意思決定をリードするというイメージです。意思決定は各企業の戦略を反映する必要があり、最終判断は経営部門や事業部門が行うことになるでしょう。

　ここで需要予測の経験が重要になります。実際、筆者はこういった意思決定に関わったことがあるのですが、売上規模や利益率を基に提示された優先順位に対し、需要の背景を踏まえた提案をしました。具体的には、化粧品において売上や利益率で優先順位をつけると、変わった色のメイクアップ製品（黄色の口紅やグリーン系のアイシャドウ、赤色のアイラインなど）は下位になり、生産されなくなってしまいます。しかしメイクアップは、様々な色が売り場や宣伝で見えることで、そのブランド、製品の全体的な魅力が増し、特定の人気色の売上が支えら

中期需給ギャップの可視化	
・供給能力の可視化	・長期需要予測
・複数制約の管理	・ギャップクロージングの意思決定

供給アロケーション最適化	
・生産品の優先順位	・供給先の優先順位

図1-3　効果的な S&OP のためにすべきこと

れている可能性が高いのです。よって、売上や利益率だけで生産の優先順位を決めてしまうと、定番の色（ベージュ系の口紅やブラウン系のアイシャドウなど）だけの売り場や宣伝になり、新鮮さや楽しさがなくなってしまうと考えました。そして、おそらく人気色もそれまでよりは売れなくなってしまうでしょう。これは一例ですが、こういった需要の背景を踏まえた生産の優先順位づけを行う必要があり、SKU 別の需要を分析している SCM 部門の知見が役立つわけです。

　中長期の計画精度は高くなく、また限られた時間の中でできる需給ギャップを埋めるアクションも多くはありません。しかし SCM 部門だからこそ入手できる需要と供給（生産）の情報をクロスさせることでリスクを可視化し、少しでも早く市場のニーズに対応できるように企業全体をリードしていく、そういったしくみを設計することが、現実的な S&OP の向かうべき方向なのではないかと筆者は考えています（**図1-3**）。

1.4　先端技術で変わる SCM と企業の競争力

　本書の第1章として、需要予測が一機能として含まれる SCM の概念と、経営との関連を概説してきました。特に近年、日本の様々な業界で話題になっている S&OP という経営概念がなぜうまくいかないかを、研究結果や筆者が体験してきた事例を踏まえて考察し、そこで現実的に SCM 部門がとりくむべきことを提案しました。ここまででも企業の経営において、SCM が非常に重要になってきていることが感じられたかと思いますが、これからさらに重要になってくると予想しています。それは、技術の進歩が SCM の各機能を劇的に変えていくことが想像できるからです。3 D プリンターや製造ロボット、センサー技術や自動運

転、配達ドローンなど、少し前に話題になった技術が進化し、それに伴って法整備が進むことで、これらの技術がビジネスの世界に進出してくるでしょう。これらの技術はみな、サプライチェーン上の各機能を劇的に進化させる可能性があります。新しい情報のセンシング技術によって、例えば小売店の在庫が完全に把握できるようになれば、出荷予測の精度が高まると考えられます。自動運転や物流センターにおけるロボット活用が進めば、365日24時間物流が実現されるかもしれません。

　これらの先端技術を早期にトライアルし、有効活用する知見を蓄積できた企業が、在庫管理の精緻化や物流リードタイムの短縮を通じて、競争力を高めていけるでしょう。企業の競争力は、**リソース・ベースト・ビュー（Resource Based View）** という経営理論で整理されていて、その理論では次の4つの特徴を持つリソースが企業の持続的な競争優位を実現するとされています。

（1）価値がある（Valuable）
（2）稀少性（Rareness）
（3）模倣困難（Inimitable）
（4）代替困難（Non substitutable）

（Barney, 1991）

　先端技術は（2）、（4）を満たしますし、（3）は単に技術を導入するだけでなく、それを他社に先駆けてトライアルし、ビジネスにおける現実的な有効活用のための知見を蓄えることで得ることができます。というのも、すでに世界で展開されているパッケージと異なり、例えばAIなどの先端技術は、導入してもすぐにビジネス価値を生まないといわれています。各業界のビジネスの文脈に合わせて、どう使ったら価値を生むことができるのかは、トライアルの中でしかわからないと筆者は感じています。つまり、ライバルに先駆けてトライアルすることが重要で、それが模倣困難性の獲得につながると考えています。そして（1）も同様に、実際に活用してみる中で、その道のプロフェッショナルが見出すことになるでしょう。

　そのためにはSCM、そしてオペレーションズマネジメントについて理解しておく必要があります。新しいアイデアを生むためには、既存の知を掛け合わせる

ことが有効だとすでに紹介しましたが、各領域を深く理解していないと、価値が
あり、かつ現実的なアイデアは生み出せないと考えています。アカデミックまた
はビジネスでオペレーションズマネジメントに携わった先人たちが積み上げた知
を、本書では特に需要予測にフォーカスしてお伝えするので、ぜひ新しい技術と
掛け合わせ、イノベーティブなアイデアを生むきっかけとしてください。

参考文献

Barney, J. (1991) "Firm resources and sustained competitive advantage," *Journal of Management,* 17(1), 99-120.

Gianesi, I. G. N. (1998) "Implementing manufacturing strategy through strategic production planning," *International Journal of Operations & Production Management,* 18(3), 286-299.

Jain, C. L. (2016) *Do Companies Really Benefit from S&OP?: Research Report 15,* Institute of Business Forecasting & Planning.

Olhager, J., & Selldin, E. (2007) "Manufacturing planning and control approaches: market alignment and performance," *International Journal of Production Research,* 45(6), 1469-1484.

Thomé, A. M. T., Scavarda, L. F., Fernandez, N. S., & Scavarda, A. J. (2012) "Sales and operations planning: A research synthesis," *International Journal of Production Economics,* 138(1), 1-13.

APICS (2018)『第15版 サプライチェーンマネジメント辞典 APICS ディクショナリー対訳版—グローバル経営のための日英用語集』日本 APICS コミュニティー APICS Dictionary 翻訳チーム／日本生産性本部グローバル・マネジメント・センター訳、生産性出版.

桜井久勝・須田一幸(2018)『財務会計・入門—企業活動を描き出す会計情報とその活用法』(有斐閣アルマ)有斐閣.

山口雄大(2018)『この1冊ですべてわかる 需要予測の基本—SCM とマーケティングを劇的に変える』日本実業出版社.

第2章

需要予測に必要な3つの学問領域

　2章からは本書のメインテーマである需要予測にフォーカスしていきましょう。需要予測は日本では Demand Forecasting と Demand Planning の概念が曖昧に理解されている傾向がありますが、グローバルでは次の通り整理されています。

Demand Forecasting……特定の製品、部品、サービスに対する需要を予測すること。

Demand Planning……統計的予測と判断を組み合わせ、サプライヤーの原材料から消費者ニーズまでのサプライチェーンにおける製品やサービスの需要予測を組み立てるプロセス。APICS Dictionary 日本語版では「需要計画」と訳されている。

（APICS, 2018）

　Forecasting はデータに基づく統計的、客観的な数字であり、言葉通りの意味としては需要予測に近いでしょう。しかし実際のビジネスの現場で使われている数字は、Planning の方です。というのも、メーカーにとって需要は単に予測するだけのものではなく、マーケティングによって創り出すものという側面もあり、関わる人の意思によって最終決定されることが多いからです。データ分析に基づく客観的な需要予測を踏まえつつ、マーケティングや事業戦略を加味して人が意思決定するのが、ビジネスにおける需要計画、Demand Planning といえるでしょう（**図2-1**）。しかし日本では需要計画という言葉はほとんど使われていないため、ここでは定義は確認しつつ、本書では以降、わかりやすさを優先して

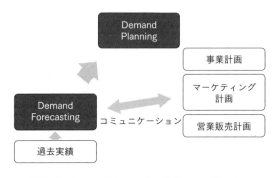

図 2 - 1　Demand Forecasting と Demand Planning

需要予測という言葉で統一します。

　筆者は10年以上、需要予測の実務を担当し、人生で最も長く携わった領域が需要予測となりました。今は様々な業界の需要予測に関わる実務家を対象とした、ビジネス講座を担当していますが、それは次の３つの学問領域の知を掛け合わせているという特徴があります。

（１）統計学

（２）認知科学

（３）経営学

　筆者はビジネスにおける需要予測ではこれらの学問の知を活用することが非常に有効であると考えています。まずはその理由をお伝えします。

2.1　時間のギャップを埋める需要予測

　そもそもなぜ、メーカービジネスにおいて需要予測は必要なのでしょうか？　B to B（Business to Business の略で、企業同士の取引）でも B to C（Customer、Consumer 向けの取引）でも、他のビジネスモデルでも、顧客の要望を受けてから生産すればムダがなく、効率的にビジネスをすることができます。しかし現実はそう甘くなく、多くの商材において顧客はそんなに長く待ってくれません。その製品でしか満たすことができないニーズがあれば別ですが、そういった例は稀であり、多くは主要性能が類似するライバル製品が存在します。顧客は必要なタイミングで目当ての製品を入手できなくても、同じ機能を持つ別の製品で必要な

ニーズを満たすことができるのです。よって、顧客が必要だと思うタイミングに製品を用意しておくことは、メーカーの競争力になります。

　しかし、製品に必要な原材料を調達し、ある程度の量を生産して、安全性や品質を検査した上で、全国各地、世界各国へ供給するには、短くても数ヵ月はかかります。つまり顧客が欲しいと思ってから製品を購入するまでの時間と、メーカーが製品を製造し、顧客の手元へ届けるのにかかる時間には大きなギャップが存在するのです。これを埋めるのが需要予測です。

　顧客の要望が発生する前に、
・どの製品が
・いつ
・どこで
・どれくらい
必要になるかを予測し、原材料を調達したり、生産したり、想定される各消費地へ供給しておくのです。これには多くの機能、つまり企業や人が関わるため、
・なぜ
を説明することも大変重要になります。さらにビジネスでは単に需要を予測するだけでなく、企業が目指す売上や利益の目標があり、それを達成するために新たに需要を創り出すマーケティングも行われます。ここでいう**マーケティング**とは、①顕在、潜在にかかわらず顧客のニーズを可視化するリサーチ、②ニーズを踏まえ、研究シーズと掛け合わせて行う製品開発、③製品の価値を顧客へ伝えるプロモーション、の大きく３機能を含む広義のものです。このマーケティングを考慮した需要予測を行う必要があるため、多様な過去データを分析するだけでは不十分であり、そこにマーケティングや事業戦略といった定性的、主観的な未来の要素を加味して人が意思決定することになります。

　そして需要予測には大きく分けて次の３つの予測モデルがあります（**図2-2**）。
（1）時系列モデル（Time Series Methods）
（2）因果モデル（Causal Methods）
（3）判断的予測（Judgmental Forecasting）

　それぞれの詳細は６章で説明しますが、時系列モデルは需要を予測する製品の過去の需要データから、その製品が持つ需要の季節性やトレンドを抽出し、未来

時系列モデル	因果モデル	判断的予測
過去データの推移を基に予測	原因となる要素を活用	経営者・営業などの主観的推定

	時系列モデル	因果モデル	判断的予測
メリット	精度が高い 根拠が簡潔 負荷が少ない	シナリオ分析・ 環境変化に対応 根拠が明確	定性データ 不完全データ 考慮可能
デメリット	過去データ必須 環境変化への 対応が遅い	説明変数の想定 係数の推定 変数の未来予測	属人的 根拠が曖昧 非継続性

図 2 - 2　需要予測モデルの分類

の需要を予測するというロジックです。因果モデルは需要という結果に対する原因データの影響度を推定し、かつ原因データの未来を予測した上で需要を予測するというロジックです。判断的予測とは人の判断に基づくものであり、非構造化データや断片的な情報でも柔軟に考慮できる一方、属人性が高くなる傾向があります。非構造化データとは、エクセルなどで整理された数値データではなく、ウェブ上の文章や画像、音声などの非定型な情報です。

　これらを踏まえ、需要予測に必要だと筆者が考える 3 つの学問領域を紹介しましょう。

2.2　予測とは過去データの分析

　最初はほぼすべての需要予測講座のメインテーマとなっている、統計学です。IT ベンダーやコンサルティングファームなどが非定期に開催しているビジネス講座で需要予測が取り上げられることがあり、それらは基本的に、統計学にフォーカスした内容になっています。そこでは古典的な指数平滑法や ARIMA モデル、最近ではニューラルネットワークや機械学習などを用いた手法が紹介され、それらのモデルが実装されたシステムの予測精度や好事例が提示されます。需要に限らず未来を予測するためには過去を分析するのが有効で、それを客観的に行うために統計学が必要になるため、避けては通れない学問といえるでしょう。

　そしてその手法は世界の多くの研究者によって開発、ブラッシュアップされ、

システムとしてパッケージ化されています。今出回っているものはだいたいどれも高度であり、正直、ビジネスにおける有意差は感じられません。よって、需要予測担当者は知識として基本的な考え方は知っておくべきだと思いますが、数式を導き出せるなど、詳細に入り込む必要はないと考えています。

　ロジックを理解して、各モデルのメリット・デメリットを把握し、需要特性に合わせて選択できることが重要です。ピックベストなどと呼ばれる、自動で予測モデルを選出するロジックはよく見ますが、なぜその予測モデルが選ばれたかは、需要予測のプロフェッショナルであれば説明できるべきです。そのためには高校レベルの統計学の知識はまなんだ上で、代表的な予測モデルの特性を理解しておくことが必要になると考えています。ただし、統計学が有効活用できるのは、過去データが豊富にある、発売から数年以上経過した既存製品です。先述の3種の予測モデルでは特に時系列モデルと因果モデルに統計学が使われますが、公表されている多くの事例は時系列モデルです。

　統計学の限界については本書8章で取り上げますが、特に新製品の需要予測では、最先端のAIですら満足のいく精度は望めないと感じています。これは需要予測に限らず、在庫管理やSCM全体にもいえることですが、データ分析や統計学、AIなどの有効性は最大限に活用しつつも、それらには現実に、限界があることも知って、そのバランスの中でビジネスを進めていく、という意識が重要になります。ちなみに需要予測の中でも、ほぼ過去の実績データだけを使って行う時系列予測については、統計学を使った様々なモデルについて詳細に解説した書籍も発売されています。これらは狭義の需要予測にフォーカスしているため、メーカーの実務家やコンサルタントではなく、ITシステムを開発する研究者やベンダー向けといえるでしょう。

2.3　需要予測は意思決定で完結する

　つづいては認知科学です。筆者は、社会人になる前の大学院で認知科学を専攻していました。その後でたまたま需要予測を担当したのですが、予測の様々なステップで認知科学の知見が重要になることに気づきました（このテーマにフォーカスしたのが拙著『品切れ、過剰在庫を防ぐ技術』（光文社新書）です）。需要予測の大まかなステップは**図2−3**の通り整理できますが、例えばデータ選定にお

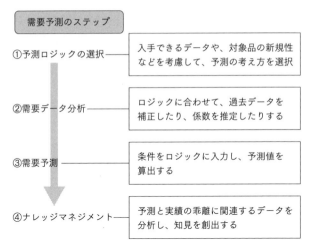

図2-3　ビジネスにおける需要予測のステップ

いて、自分の感覚を支持するデータばかり収集してしまう確証バイアスが存在する、など、各ステップに認知バイアス（思考のクセ）の落とし穴があると考えています（詳細は本書14章参照）。

　日本では需要予測を認知科学の知見で考察した例はほとんど見られません。しかし、人の判断における認知バイアスに関しては、海外では論文が発表されています（Hogarth & Makridakis, 1981）。Hogarth と Makridakis は、人の判断的予測の各ステップ（情報収集、データ処理、予測、フィードバック）における

・選択的な情報選別
・判断の非一貫性
・情報の提示のされ方の影響
・判断における自信過剰

などを挙げています。

　しかしこれらは判断的予測における認知バイアスの影響を検証したものであり、筆者はさらに、時系列モデルや因果モデルにおいても、使用するデータの選択や結果の解釈、ナレッジマネジメント（8章で解説しますが、精度向上のための知見管理のことです）で認知バイアスが悪影響を与えると主張しています。ビジネスにおける需要予測では、単に過去データを統計的に分析するだけでは十分な価値を生み出せません。統計学が有効にならないくらい少ないデータ、曖昧な

情報も参考に、様々なミッションを持つ関係者と議論して行う必要があるものです。

　例えば Sheldon が『World Class Sales & Operations Planning』という書籍の第4章「Creating the Demand Plan」で整理しているところによると、ビジネスにおける需要予測には
（1）企業の経営計画
（2）マーケティング計画
（3）営業部門の販売計画
（4）過去実績
の4種のインプットが必要だとされています（Sheldon, 2006）。つまり、過去実績を、統計学を使って分析した結果を踏まえつつも、未来に向けた企業の戦略、そのためのマーケティングや販売計画を、それぞれの担当者とコミュニケーションすることで加味し、需要予測は完成するということになります。だからこそ、人の意思決定や推論などを研究領域とする認知科学の知見が重要になると筆者は考えています。

2.4　エース一人では勝てない世界

　ビジネスにおける需要予測に必要となる三つめの学問は経営学です。扱うSKU 数が数十などと少ない企業は別として、一人の需要予測担当者ですべてのSKU を見きれるということはほとんどないと思います。メーカーにおいては需要予測以外にも、マーケティングプロモーションの立案や、取引先との商談、受注、在庫計画や生産計画の立案など、隣接する業務を兼任する場合もあり、需要予測をブランド別やカテゴリー別などで分担することが多いです。

　つまり、メーカーにおける需要予測は基本的に、チームで行っています。よって、一人のエースプランナーがいれば企業として高い予測精度を出せるというわけではありません。また、中長期的には担当者も変わっていきます。そのため、需要予測スキルの組織としての蓄積、継承が非常に重要になります。これは18章で解説します。

　しかし残念ながら、筆者がコミュニケーションを取ってきた様々な業界の需要予測を担う組織の多くは、メンバーのスキル教育や組織学習を重視していないよ

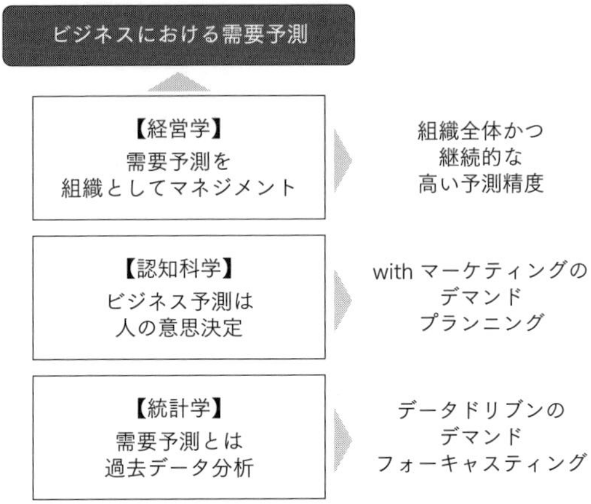

図2-4　3つの学問領域とビジネスにおける需要予測

うです。というよりも、SCM部門はオペレーションを担うため、日々の業務の
遂行に忙しく、なかなかそういったところまではリソースを割けていないという
状況です。結果、

・需要予測のスキルはどうやってトレーニングしたら良いか
・需要予測のスキルを可視化し、組織として蓄積し、後継者へ継承していくには
　どうしたら良いか

といったノウハウを蓄積できていません。

　その答えを考える思考の軸となるのが経営学だと筆者は考えます。経営学では
ビジネスにおける人の行動や組織の活動が、どのようなメカニズムで企業のパ
フォーマンスに影響を与えているかが研究されています。例えば

・企業の競争優位性は何によって決まるのか
・組織の知はどのように生まれ、蓄積され、移転されるのか
・組織の中に埋め込まれた人はどのように行動するのか

といったことなどを説明する理論です。これらをまなぶことで、

・需要予測を担う組織がチーム全体としてパフォーマンスを高めるためには、ど
　うやってメンバーを育成したら良いか
・中長期的に高いパフォーマンスを維持するためにはどうやって予測の知見を蓄
　積したら良いか

を考えることができるようになるはずです。

　すでにここまででも経営理論を参照していますが、本書は度々、これら３つの学問の理論を参照します（**図2-4**）。理論からの演繹的な裏づけと、実務経験からの帰納的な仮説構築を行き来しつつ、需要予測の本質とその現実的な活用にせまっていきたいと思います。

参考文献

Hogarth, R. M., & Makridakis, S.（1981）"Forecasting and planning: An evaluation," *Management Science, 27*(2), 115-138.

Sheldon, D.（2006）*World Class Sales & Operations Planning: A Guide to Successful Implementation and Robust Execution,* J. Ross Publishing.

APICS（2018）『第15版　サプライチェーンマネジメント辞典　APICS ディクショナリー対訳版―グローバル経営のための日英用語集』日本 APICS コミュニティー APICS Dictionary 翻訳チーム／日本生産性本部グローバル・マネジメント・センター訳、生産性出版.

山口雄大（2018）『品切れ、過剰在庫を防ぐ技術―実践、ビジネス需要予測』光文社新書.

第3章

需要予測でつながるサプライチェーン

　本章では需要予測が、SCM の中、そしてメーカービジネスの中でどのような役割を果たし、価値を生み出しているかを具体的に説明します。

3.1　SCM のトリガー

　SCM はすでに述べた通り、物と情報の流れを管理するという概念であり、つまりは機能間で方向性があります。物は原材料を製造するサプライヤーから、メーカーの工場に納品され、そこで製品化され、物流センターで保管されます。そして卸や小売店から発注を受け、各店舗に配送されて、消費者に届くことになります。一方、情報の流れは少し異なり、スタートとなるのは小売店における販売データになります。消費者がいつ、何を、何個買ったのかが起点となり、サプライチェーンを情報が流れることになります。前章で説明した通り、消費者の購買行動と製品の生産工程には大きな時間のギャップがあることから、単純に販売データからサプライチェーンを動かすことはできません。そのデータを分析し、数週間先、数ヵ月先にはどの需要がどれくらい発生するかを予測する必要があり、この予測値に基づいてサプライチェーン全体が動き始めます。

　メーカーにおける需要予測は SKU ごとに行われるため、その SKU の構成材料から、各種原材料の必要数量を計算することができます。これは従属需要と呼ばれ、予測する必要がない需要といわれています。なぜなら独立需要と呼ばれる、SKU レベルの需要予測から一意に計算することができるためです。この原材料の必要量へのブレイクダウンは原材料展開などと呼ばれますが、MRP（Material Requirements Planning：資材所要量計画）というシステムで自動計算

されることも多いです。つまり、需要予測を基に、原材料の調達が行われるということです。間にこの後説明する生産計画や在庫計画を挟むこともありますが、大元は需要予測です。この原材料の発注数に応じ、サプライヤーは原材料の製造計画を立案します。

　メーカーの工場における製品の生産計画も、需要予測を基に立案されます。より正確には、需要予測とメーカーの在庫を考慮して、

いつまでにどれくらいの在庫を用意しておくか

という在庫（補充）計画が立案され、それに合わせて生産計画が立案されるのです。

生産計画←在庫補充計画 ＝ 需要予測＋必要な在庫－すでにある在庫

ここで重要になるのが、在庫の基準です。有名なのは**統計安全在庫（Statistical Safety Stock）**であり、次の式で表されますが、これは需要や予測誤差が正規分布に従うという前提を置いたものです。

$$統計安全在庫＝安全係数 \text{k} ×σ\sqrt{生産・調達LT}$$

この σ は、需要や予測誤差の標準偏差であり、安全係数 k は需要変動をどれくらいカバーするかという方針に合わせて決める数になります。需要や予測誤差が正規分布に従うのであれば、例えば k ＝ 2(2σ) で分布の約95％をカバーするため、上半分の2.5％分の品切れを許容すると解釈されています。

　つまり、一定期間における需要の平均やある時点の需要予測に対し、実績が上下に同程度の幅と頻度で変動するという意味です。しかし現実はこうはなりません。例えば、需要の季節性が大きい日焼け止めは、需要の年間における月平均に対し、夏は常に実績が上回ります。また、需要予測は一般的に、実績よりも高めになる傾向があります（もちろん、そうではない業界もあります）。

　よって、統計安全在庫は完璧ではなく、理想的な在庫コントロールはほとんどできないというのが実態です。そこで重要になるのが需要予測です。**ビジネスにおける需要予測は"当てる"ことだけが価値を生むのではない**、と筆者は考えています。はずれることも定量的に評価することができれば、それは十分にビジネス価値を生むことができるはずです。

需要予測のスペシャリストは、自身の需要予測に対し、実績がそれを上回りそうなのか、下回りそうなのか、またそれが最大でどの程度なのかを、すべてではないにしろ、感覚的に把握しています。これを在庫計画に反映することで、統計安全在庫よりも精度の高い在庫計画を立案することができると考えています。在庫計画の精度が高いということは、需要予測がはずれても、それを在庫計画がカバーすることで、過剰在庫や品切れを抑制するということを指します。極端な言い方をすれば、需要予測のはずれの程度を予測するというイメージです。需要予測のブレ（実績との乖離）の定量評価については16章で取り上げます。

　さらに需要予測は、製品の輸配送計画や物流センターにおける人員計画にも使われます。具体的には、需要予測に合わせて必要なトラックが手配されますし、物流センターにおける入出庫の作業量は物量に比例しますから、需要予測を基に人員を手配することが有効になります。

　以上のように、需要予測はサプライチェーンにおける様々な機能の情報トリガーになります。別の言い方をすると、サプライチェーンは需要予測でつながっていると、筆者は述べています。つづいて、このSCMのトリガーともいえる需要予測が当たらないとどんな悲惨な状況が待ち受けているかを説明します。

3.2　需要予測がはずれたら

　需要予測がはずれると、サプライチェーン上の様々な機能に悪影響が及びます。そして需要予測のはずれには2つの方向があり、それぞれで影響が異なります。需要予測に対し、実績がそれを上回る場合と下回る場合です。これをまとめたのが図3-1です。

　需要予測を実績が大きく上回ると、原材料や製品の在庫が不足し、品切れ（欠品）が発生します。これにより営業部門は卸店や小売店へ十分な量を納品することができず、売上の機会損失が発生しますし、品切れをくり返すと取引先からの信用を失ってしまいます。品切れが長期化した場合は、卸店や小売店の在庫もなくなり、消費者がその製品を購入できなくなります。消費者は目当ての製品がなければ別のブランド、メーカーの製品を購入するかもしれず、そのブランドやメーカーは顧客を失ってしまうかもしれません。

　物流センターにおいても、想定外に出庫が増えると、人員やトラックが不足し

関係者	ブレ方向	困ること
消費者	予測＜実需	欲しいモノ・サービスが買えない
小売店	予＜実	販売機会損失・顧客流出
マーケター	予＞実	余剰在庫関連コスト増
営業	予＜実	販売機会損失・信用失墜
工場	予＞実	ムダな生産・人＆設備余り
	予＜実	夜間・休日残業
物流	予＞実	人＆トラック余り
	予＜実	オペ人員・トラック不足
経営	予＞実	ROE^注・CCC^注など指標悪化

図3-1　需要予測がはずれた時の各機能への影響
注：ROE（Return on Equity）
　　CCC（Cash Conversion Cycle）

ます。残業が発生し、かつ通常の納品時間よりも遅くなってしまう店舗が出てくる可能性もあります。これらの場合は

・緊急の増産

・特別なスピード出荷

・急な残業

・取引先や消費者からのクレーム対応

といったイレギュラー業務が発生し、企業としては各種コストが増加することになります。

　一方、需要予測を実績が大幅に下回る場合も経営へ悪影響があります。この場合は原材料、製品在庫が各所で過剰になります。しばらくの期間、消化の見込みが立たないものは偏在などと呼ばれ、状況次第では除却、廃棄ということになります。在庫の除却はブランド損益や事業損益にマイナスの影響を与えます。

　在庫が過剰になることが見込まれた場合は、急な減産調整が行われる結果、工場や物流センターにおいて人や設備が余ることになります。そして工場の稼働率がKPIとして設定されている場合は、在庫が過剰になることがわかっても生産を止められないということもあり、特に扱うSKU数が多い企業ほど、俊敏な生産調整が難しいと感じています。需要の下ブレ（実績が需要予測を下回る）によって発生する過剰在庫は、品切れと比較すると、時間的には後で影響が出てくる

傾向があります。また、品切れは取引先や消費者をも巻き込む問題になるため、様々な業界において、短期的には過剰在庫の方が品切れよりは許容されやすいことが多く、それゆえ大きな経営課題になっていることがあります。

　ここでは、品切れと過剰在庫のどちらの方がより経営へ悪影響を与えるかを議論するわけではありません。むしろそのどちらもが需要予測がはずれることによって発生する可能性があり、企業の経営において大きなマイナスのインパクトがあるということをお伝えしたいのです。当たらないとこれだけの悪影響を及ぼすということは、逆に需要予測には非常に大きな価値があるということになります。当たっていてもなかなかその効果が実感されにくい仕事ですが、はずれるとその重要さが身にしみてわかるのです。

　SCM、そしてオペレーションズマネジメントは、ある方向へ思い切り舵を切るという意思決定をしづらいビジネス領域です。こういったトレードオフの関係の中で、目まぐるしく変化する市場環境も踏まえつつ、いかに素早くバランスをとっていくかに注力するマネジメントなのです。そのための一つの武器が需要予測といえるでしょう。

　ここで一つ付け加えておくと、品切れや過剰在庫の原因は需要予測だけではありません。需要予測との関係がわかりやすいので、品切れや過剰在庫が発生すると、とりあえず需要予測を改善せよ、という指示が出ることがあります。それでは何も解決しないでしょう。サプライチェーンに関連する様々な課題がある場合が多く、またそれらの連携に課題があることも多いといえます。

　品切れや過剰在庫が発生した際にまずやるべきことは、データに基づく客観的な原因分析です。原因の特定を間違えば、解決策は有効になりません。筆者が考える一つの答えは、理論によって構築されたフレームワークの活用です。S&OPの課題、特にその一要素である需要予測の精度向上は4つから6つ程度の要素（次元とも呼ばれています）で考えることが有効であり、その理論的フレームワークの実務活用を10章で提案します。

3.3　需要予測を担う組織

　以上のようにサプライチェーンを連携する上で重要となる需要予測ですが、そ

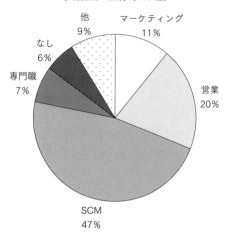

予測担当の所属（140社）

図3-2　需要予測の担当者が所属している部門
出所：筆者調査

れを担う職種はどの組織に所属していると思いますか？　これは企業によって
様々であり、正解はないようです。ただ、筆者が、日本でビジネスをしている企
業を調査した結果は**図3-2**の通りでした。

　約半数を占め、最も多かったのがSCM部門でした。需要予測を専門的に行っ
ている職種を配置している企業は多くなく、例えば生産計画の立案も兼務するな
ど、SCM部門の一つの業務として行っている傾向がありました。SCM部門で需
要予測を行っていると回答した企業でも、新製品や、プロモーションする既存製
品は、マーケティング部門と協同で需要予測を行っている場合もあります。ま
た、営業担当者やマーケターが需要予測を兼務しているという企業も約1/4存在
しました。

　少し前の2010年頃の話ですが、消費財のグローバルトップメーカー P&G では
需要データ分析の専門組織があり、マーケティング部門とは別で、トップマネジ
メント層へ客観的な需要予測を提示するしくみを設計していたそうです（上野,
2017）。

　海外では需要予測を専門的に担う職種は**デマンドプランナー**（Demand Plan-
ner）と呼ばれ、その職種での採用もあるほど一般的となっています。企業にお
ける需要予測の機能も、マーケティングや営業、ファイナンスなど、別のミッシ

ョンを持つ組織とは独立して存在することが基本とされています（Moon, 2018）。

これは組織が独立して存在しているという意味ではありません。SCM部門に所属していようが、マーケティング部門に所属していようが、需要予測以外のミッション、例えば売上予算などの影響を受けないという意味での独立です。目標や評価が独立していることで、他の数字の影響を受けない、客観的な需要予測を行うことができるという考え方です。以上の事例、そして書籍として体系化された理論の両面から、重要なのは需要予測を担う組織の独立性であるといえそうです。そして実務においてそれを実現しやすいのは、売上予算をKPIとして持つことが少ないSCM部門であるということなのでしょう。

3.4　専門職として育成すべきデマンドプランナー

行動経済学の領域で、人は認知能力の限界や時間的な制約、感情、社会的なムードなどの影響によって、常に合理的な意思決定ができるわけではないことが指摘されています。人は必ずしも常にすべての情報を把握しているわけではなく、その時点で可能な限り合理的な判断をするという考えは限定合理性（Bounded Rationality）と呼ばれます（Simon, 1956）。だからこそ人が集まって組織となり、それぞれが別のミッションを持つことで合理的に役割分担し、複雑なビジネスを遂行することができているといえます。具体的には19章で取り上げますが、需要予測には専門的なスキルやセンスが必要になり、それらは高いモチベーションを持ってトレーニングしなければ身につきません。筆者のビジネス講座から、専門的なデマンドプランナーを育成している企業とそうでない企業では、そのオペレーションレベルに相当な差がある印象です。

筆者は日本におけるデマンドプランナーという職種の広い認知を目指し、学生に向けた新書を執筆したり、大学や学生向けのイベントで講演したりしてきました。学生はSCMやデマンドプランナーを知らないだけで、講演後の質問やアンケートから、知られれば人気が出る職種だという手ごたえがあります。これからも様々な活動を通じ、需要予測という仕事の魅力と重要性、それを専門的に担うデマンドプランナーの企業における価値を伝えていきたいと思っています。

コラム　在庫の種類

　一部のメーカーでは **E&O 在庫**（Excess and Obsolete Inventory）という指標で在庫を評価しています。それぞれの在庫の定義は次の通りです。

Excess Inventory……余剰在庫。要求されるスループット率を達成するために必要な最小量を超過する在庫。あるいは要求される納期を達成するために必要な最小量を超過する在庫。

$$\text{総在庫量} \quad = \quad \text{生産性在庫} \quad + \quad \text{保護在庫} \quad + \quad \text{余剰在庫}$$

Obsolete Inventory……陳腐化在庫。組織によって設定された陳腐化基準を満たした在庫品のこと。例えば、新しいモデルに取って代わられたなどにより、陳腐化した在庫。陳腐化在庫は普通に使用されたり完全な価値、元通りの価格で販売されることはない。在庫の処分は企業の利益を縮小することもありうる。

（APICS, 2018）

　これらは共に、消費者が必要とする以上の量を生産、供給した結果に発生するものであり、需要予測にもその一因がある場合が多いといえます。これらは除却されると損益にマイナスの影響を与えます。

　ちなみにこうした余剰在庫や陳腐化在庫なども含めた**総在庫**を **Gross Inventory** といい、引当した余剰在庫やバックオーダー分などを除いたものを**（未引当）利用可能在庫**（Available Inventory, Net Inventory）といいます。在庫回転率や保有日数などを KPI としている企業も多いですが、総在庫、利用可能在庫、どちらで計算しているかの定義は確認しておくべきでしょう。

参考文献

Moon, M. A.（2018）*Demand and Supply Integration: The Key to World-Class Demand Forecasting, Second Edition,* DEG Press.

Simon, H. A.（1956）"Rational choice and the structure of the environment," *Psychological Review,* 63(2), 129-138.

上野善信（2017）「第13回サプライチェーン解剖　米プロクター・アンド・ギャンブル　SCM 先進企業のビッグデータ活用」『月刊ロジスティクス・ビジネス』16(11), 60-63.

APICS（2018）『第15版　サプライチェーンマネジメント辞典　APICS ディクショナリー対訳版―グローバル経営のための日英用語集』日本 APICS コミュニティー APICS Dictionary 翻訳チーム／日本生産性本部グローバル・マネジメント・センター訳、生産性出版.

第4章

マーケティングとSCMを結ぶ需要予測

　需要予測はサプライチェーンの中で情報のトリガーとなる重要な機能であり、それによってサプライチェーンがつながっている側面があるということをお伝えしました。つづいてはサプライチェーンの中ではなく、事業部門、特にマーケティングとSCMを結ぶ役割としての需要予測について説明します。事業部門とオペレーション部門を連携するということで、需要予測にはS&OPの一翼を担うという役割があります。

4.1　マーケティングの3機能と需要の3層構造

　"マーケティングとは何か？"と聞かれると、みなさんはそれぞれ思い浮かぶことがあると思います。化粧品業界が長い筆者は、まず、宣伝広告が思い浮かびます。大学での講義などで質問すると、それぞれの経験によって、製品を魅力的に見せること、製品と消費者の接点を創出することなど、様々な回答が挙がります。そしてほとんどの回答が正解です。つまりマーケティングという概念は非常に幅広く、同時に曖昧に解釈されている傾向があると感じています。筆者がビジネススクールでまなんだマーケティングの定義は大きく3つの機能を含むものでした。

（1）マーケティングリサーチ
（2）製品開発
（3）マーケティングプロモーション

一つめのマーケティングリサーチとは、インタビューやアンケートなど、様々な調査手法によって、消費者の心の中にある願望を可視化することです。消費者自身がその願望に、明確に気づいていないこともあります。明確ではない抽象的な欲求がニーズと呼ばれ、具体的な要望はウオンツと呼ばれて区別されていますが、それらを可視化することでソリューションを考えることができます。世の中にどんなニーズがどれくらいあるのかを把握するのがマーケティングリサーチの目的といえるでしょう。

　二つめは製品開発です。マーケティングリサーチで可視化したニーズに対するソリューションを、製品やサービスを開発することによって、提供することです。ここでは研究開発で得られた新しい技術や処方といった、シーズと呼ばれる革新的なアイデアが組み合わされ、それまで世になかった魅力的な製品が開発されることもあります。

　三つめのマーケティングプロモーションはマーケティングという言葉から最も連想されやすいかもしれません。なぜならリサーチや製品開発のプロセスはなかなか目にする機会はありませんが、プロモーションは、例えばテレビCMや店舗でのキャンペーンなど、直接、消費者へ向けて行われるものなので、目にする機会が多くなるからです。単に開発された製品の機能的な価値を伝えるだけでなく、使用シーンや開発の背景などをストーリー化して伝えることで、その製品が持つ情緒的な価値を訴求する場合もあります。

　もちろん、マーケティングは歴史があり、様々な研究者や実務家によって定義されているため、この3つの分け方以外にも色々あるでしょう。ただしマーケティングの定義を深掘りするのは本書のメインテーマではなく、需要予測においてはこの3つの分け方でマーケティングを捉えることが有効であると考えているため、これを前提に話を進めます。ちなみに筆者が尊敬するマーケターは、マーケティングを価値創造と価値伝達に分けて捉えていて、前者が製品開発、後者がマーケティングプロモーションにあたると考えますが、これもわかりやすい分け方だと思います。

　こうしてマーケティングを3つの機能に分けて説明したのには訳があります。筆者は「需要予測の基本」講座で、需要を図4-1の3層構造で整理して、需要予測の考え方を説明してきました。この3層構造がさきほどのマーケティングの

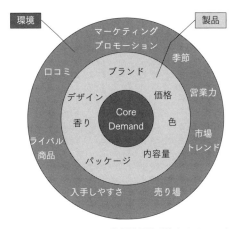

Core Demand ≒ 機能的価値が満たせるニーズ

図 4 - 1　需要の 3 層構造

3 機能に該当しているのです。

　需要の中心にあるのが、

"そもそもその製品が持つ機能は、世の中でどれくらいのニーズがあるのか？"

という概念で、コアデマンド（Core Demand）と表現しています。言い換える

と、その製品が提供できるベネフィットを、どれくらいの人が望んでいるか、と

いう規模感のことです。これは例えばマーケティングリサーチによって推定され

ます。その一つ外側の層は、デザインやブランド、価格や香りなど、その製品自

体の属性的な要素です。いわゆる、製品そのものということで、マーケティング

の製品開発によって決まります。

　一番外側の層はマーケティングプロモーションも含む、外的な要素です。マー

ケティングプロモーション以外にも、製品を売り込む営業力もありますし、ライ

バルブランド、メーカーの製品配置、市場の景気なども該当します。需要予測を

考える際は、マーケティングの 3 機能と関連する、この需要の 3 層に沿って思考

を整理することが有効になります。本書 8 章で紹介する、筆者が考案した化粧品

の需要予測モデルは、この需要の 3 層構造をベースとしています。

　需要（予測）の構成要素は別視点で整理されている例もあり、Sehgal（2009）

は図 4 - 2 の用語を知っておくべきだと述べています。

　筆者が提案しているマーケティングの機能と連動した需要の 3 層構造と、

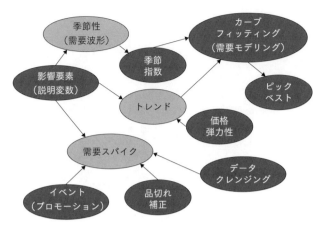

図 4 - 2　需要予測に関連する用語
注：用語の関係性は筆者が整理　出所：Sehgal（2009）

Sehgal（2009）が整理した需要予測プロセスの関連用語には多くの共通点があります。要は、切り口が異なるだけで、需要予測を捉える際のポイントはほとんど同じだということです。需要には季節性やトレンドがあり、それらは広義のマーケティングと関連するため、それを担う部門とのコミュニケーションが重要になるということです。

4.2　ストラクチャルホールとしての需要予測

　筆者の事例のように、SCM 部門のデマンドプランナーが需要予測モデルを開発し、それがマーケティング部門との主要なコミュニケーションツールになるということは稀だと聞きます。しかし、需要予測はマーケティングと SCM の中間に位置する機能であることは間違いなく、そこには各領域の重要な情報が集まり、いわば需給の要衝ともいえるスポットになります。経営学の理論ではこうした異なる属性を持つ集まりの結節点は**ストラクチャルホール（Structural Holes）**と呼ばれています（Burt, 2004）。ストラクチャルホールは集団同士がコミュニケーションする際に必ず通る場所であり、情報が集まります。よって、そこにいる人は両者の共通点や差を把握でき、また異なる知が融合するため、新しいアイデアを生み出しやすいというメリットを享受することができます。これはブロー

カレッジと呼ばれます。

　具体的には、消費者や市場に関する情報を持つマーケティング部門と、製品の生産や供給に関する情報を持つSCM部門では、抱えるミッションや感じているビジネス課題、所属するメンバーのスキルなど、多くの違いがあります。需要予測は消費者や市場の状況、企業のマーケティングなどを踏まえて行われ、それがSCMの情報トリガーとして生産や供給を動かすため、両サイドの最新情報を常に把握していなければなりません。そこで、マーケティング部門が生産・供給に関する情報が欲しい時、SCM部門が市場に関する情報が欲しい時、どちらもデマンドプランナーに問い合わせるのです。そのためデマンドプランナーは、今、マーケティング部門、つまりは消費者や市場は何を求めていて、SCM部門、つまり製品の供給にはどんな課題があるのかがわかるようになります。

　ここでストラクチャルホールという経営学の知見を紹介したのは、需要予測の重要さを強調するためではありません。理論に依拠するというのは、自身の考えを補強する意味もありますが、そこから実務への示唆を得ることがより重要です。ブローカレッジが異なるグループ間の情報やスキルの差を踏まえた価値のある提案だとすると、需要予測のブローカレッジとは、SCM部門への販売計画やマーケティング計画の解釈と、マーケティング部門への供給リスクの伝達だと考えています。

　マーケティング部門の販売計画やマーケティング計画は、目標としての側面があり、その妥当性は状況によって様々です。しかし、SCM部門ではそれを把握することができません。そこで、需要予測を介すことによって、そのストレッチ度合いや変動リスクを把握できるようになり、より高度なSCMを実現できるのです。

　また、同様にマーケティング部門も、単に生産日程に関する情報を入手しても、そこから商品の安定供給について知ることは難しいといえます。商品によっては生産後に検査の期間があるかもしれませんし、その生産数でどれくらいの期間の需要に対応できるのかも、状況によって異なるからです。これも、需要予測を踏まえた在庫の動態として伝達されると、商品供給の安定性について把握することができます。

　筆者はこれがストラクチャルホールとして需要予測が目指す価値だと考えていて、需要予測を共通言語として、SCM部門とマーケティング部門のコミュニケ

ーションを支援できるようになることが重要です。経営理論を参考にすることで、単に需要を予測するのではなく、こうしたコミュニケーションも需要予測機能のミッションの範疇と考えることができ、新たな価値を生み出すことができるでしょう。

　課題はビジネス領域の境界にあるともいわれますが、そこでバランスのとれたコミュニケーションを主導できるからこそ、需要予測はメーカービジネスにおいて価値の高い機能となるわけです。Moon（2018）は需要予測の軸を「需要と供給の統合」と述べていて、これも需要予測がその結節点にあると考えていることからの発想だと理解しています。

4.3　ブランド価値を支える需要予測

　それでは具体的に、ストラクチャルホールである需要予測はどのようにマーケティングを支え、ブランド価値の向上に貢献しているのでしょうか。例えばマーケティングによって多くの消費者が気づいていなかった重要なニーズが可視化され、それを満たす素晴らしい製品が開発され、万全のプロモーションによってそれが消費者の心に刺さったとします。しかし製品が十分に行き渡らなければ、売上が上がっていかないどころか、逆にクレームを生みかねません。CMを見て楽しみに買いに来たのに、お目当ての製品を購入できなければ、残念な想いも一層強くなるでしょう。

　一方で、そういった品切れを恐れ、需要よりも大量に生産すると、過剰な在庫を長期にわたって抱えることになります。すると在庫の保管費や、場合によっては除却損が発生し、せっかく得た利益を減らしてしまう結果になります。つまり、マーケティングを適切に考慮した需要予測によって、売上や利益を最大化するという意味で、マーケティングが完成すると筆者は考えています。この時に重要なのは、予測精度だけではありません。もちろん予測精度は重要です。しかし、過去を越えていく志向のマーケティングに対し、過去データの分析をベースとする需要予測に常に高い精度を求めるのは現実的ではないといえます。

　そこで重要になるのが、供給のアジリティです。アジリティについては9章で解説しますが、俊敏性のことです。需要自体ではなく、変動もある程度想定し、それに追従していけるようにSCMで準備しておきます。このためには、製品ご

との原材料の調達リードタイムや生産ラインの逼迫度合い、緊急の生産調整の心づもりや偏りのない供給を行うための営業部門の協力など、SCM部門の様々な機能がプロアクティブに役割分担を整理しておく必要があります。これを主導できるのが、需要サイドと供給サイド、両方の情報を持つ需要予測機能なのです。

　この考え方を一般化すると、小さく動き出し、同時に大きく追いかけられるよう備えておくということになり、経営学ではリアルオプションという理論に近いものになります。これは金融工学のオプション取引から発展してきたものです。リスクを考慮すると実行しない方が良いと判断されるような不確実性の高い環境の中で、小さくスタートし、ある程度不確実性が下がってきたタイミングで大きく舵を切るというものです。これによってリスクを抑えたまま、大きなリターンを狙えるというメリットのある方法になります。そして
・小さなスタートといってもそれは具体的にはどの程度なのか
・さらにある時点の判断で大きく動くにはどのような準備をしておけば良いのか
といった現実的な計画は、ストラクチャルホールにある、異なるビジネス領域の情報を把握できるポジションだからこそ立案できるはずです。

4.4　目指すはマーケターからの信頼

　本章では需要予測とマーケティングの関わり、そしてマーケティングとSCMの間のストラクチャルホールといえる需要予測が提供できるビジネス価値について説明してきました。この役割を実務の中で果たしていくことで、デマンドプランナーはマーケティング部門からの信頼を得られるようになっていきます。

　製品開発やマーケティングプロモーションを考えるマーケターが需要予測も担うという考え方もあります。しかし人には認知能力の限界や時間の制約があり、すべてに十分なリソースを割けるわけではありません。また、需要予測は片手間でできるほど浅いビジネス領域ではなく、専属的に関わり、理論をまなびつつ実務経験を積むことによって、スキルや知見が蓄積されていくものです。

　よって、他の重要なミッションを抱える職種ではなく、専門的に需要予測を担う職種を認定し、スペシャリストであるデマンドプランナーを育成していくべきだと筆者は考えています。

　これは、マーケターや営業担当者とデマンドプランナーを完全に分離するとい

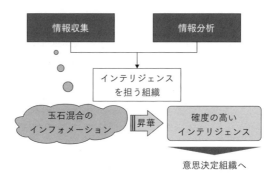

図 4 - 3　インテリジェンスを生み出す組織
出所：宮家（2018）を参考に筆者作成

うことを意味しません。ビジネスにおける需要予測では、市場に関するインサイトを考慮していくことが重要であり、それは通常業務で顧客と接するマーケターや営業担当者からデマンドプランナーへ連携する必要があると考えています。これを整理するのに**マーケットインテリジェンス（Market Intelligence）**という概念が有効だと考えます。これは次の通り定義されています。

マーケットインテリジェンス……企業の意思決定のために、市場環境に関する洞察を集め、解釈し、広めるしくみ（Moon, 2018）

　売上予算や財務計画から独立したデマンドプランナーが、マーケターや営業担当者から市場変化に関する情報を集め、過去の売上データや外部環境のデータも合わせて分析します。この客観的、定量的な解釈を踏まえた需要予測を行い、社内の関連部門へ発信していくことで、示唆を提供するのです（**図 4 - 3**）。
　マーケットインテリジェンスの価値は、ただ情報を集めて発信するだけではありません。その間にある、情報の解釈に重要な価値があります。そしてなぜ解釈が重要かというと、それを基に未来の市場を予測できるからであり、それはまさに需要予測ということができると思います。これには情報を定量的に整理する統計学の知識だけではなく、定性的な情報も解釈できるビジネス知識や、そもそもどんなデータを収集して、それをどの手法で分析するかを考えられるデータ分析のスキルが必要になります。
　マーケットインテリジェンスには非常に専門的なスキルが要求され、マーケタ

一でもなく、営業担当者でもない、スペシャリストを育成することが必要になるはずです。こうしたスペシャリストを中心としたマーケットインテリジェンスのしくみは、メーカービジネスにおいて大きな価値を生むことでしょう。需要サイドのマーケティングや営業、供給サイドの生産や輸配送といった明確な業務の間にも、まだあまり認識はされていませんが、このように重要な専門的業務があるのです。

　これを認めてもらうには、関係者、特にマーケターからの信頼を、デマンドプランナーは得なければなりません。そしてそれは一朝一夕に醸成させるものではなく、日々のオペレーションの中で、コミュニケーションを通じて少しずつ積み上げていくしかないものだと考えています。

参考文献

Burt, R. S.（2004）"Structural holes and good ideas," *American Journal of Sociology*, 110(2), 349-399.

Moon, M. A.（2018）*Demand and Supply Integration: The Key to World-Class Demand Forecasting, Second Edition*, DEG Press.

Sehgal, V.（2009）*Enterprise Supply Chain Management: Integrating Best-in-Class Processes*, John Wiley & Sons.

宮家邦彦（2018）『AI 時代の新・地政学』新潮新書.

第5章

需要予測のグローバルスタンダード

　SCMと需要予測の基礎的な知識について、世界で共有されている知見をベースとしつつ、筆者の経験をまじえて説明します。世界ではすでに多くの需要予測に関する書籍や論文が公表されていますが、他の学問領域同様、需要予測についてある程度詳しい人が読む方が深いまなびが得られます。専門書から知を得るためには、読む方にも一定のリテラシーが必要なのは、みなさんも感じていることと思います。

　本書をきっかけに、世界の需要予測の知見をまなぼうと思った方がいらっしゃれば大変嬉しいです。その時のまなびが深くなるよう、まずはSCMと需要予測に関する基礎的な知見を紹介します。

5.1　世界で体系化されるSCMの知見

　日本語のSCMの教科書というと、自身が勉強した『戦略的SCM』（圓川, 2015）が思い浮かびます。グローバルではAPICSという団体が1973年からオペレーションズマネジメントの用語の定義を世界で統一しようと教科書を作成し、それに基づいた資格も認定しています。日本企業ではあまり見かけないですが、海外ではこの資格を入社時に確認する企業もあるそうです。

　つまり、海外では大学生がSCMを勉強することも想定しているということです。それもあってか、筆者もAPICSの教科書でまなびましたが、内容は難しくありませんでした。内容的には、中央職業能力開発協会の「ロジスティクス管理2級」の方が難しいと感じました。ただ、APICSの教科書はすべて英語で記述してあり、範囲も非常に広いため、そんなに深くはないものの、日本人がまなぶ

にはややハードルが高く、あまり広まっていないのではないかと考えています。

　APICS が認定している資格は 3 種類ありますが、本書では特に需要予測が一つのテーマとなっている CPIM（Certified in Production and Inventory Management）を少し紹介します。日本では日本生産性本部が APICS のチャネルパートナーとなっていますので、他の資格や APICS の活動に興味のある方はそちらのウェブサイトにアクセスしてみてください。

QR コード：日本生産性本部の APICS 紹介のウェブサイト

http://apics.jp/CPIM/info/
（2021-5-10参照）

　この CPIM はパート 1 と 2 に分かれています。パート 1 は製品とサービスの流れの管理、つまり SCM に関する基礎的な定義とコンセプト、パート 2 は SCM よりも広義の概念であるオペレーションズマネジメントの次の 4 つの概念についてまなぶという構成になっています。

（1） Master Planning of Resources
　　S&OP や需要管理、マスタースケジューリング（需給計画の実行への落とし込み）など
（2） Detailed Scheduling and Planning
　　在庫管理、調達、キャパシティスケジューリングのテクニック
（3） Execution and Control of Operations
　　オペレーションの実行、管理、職場のコミュニケーション、原理原則の設計
（4） Strategic Management of Resources
　　ビジネス環境の理解、オペレーション戦略の進化、実行

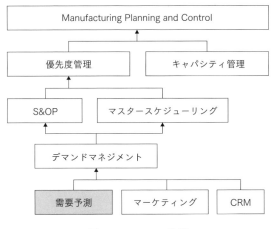

図 5 - 1　APICS の整理

前半 2 つは SCM を構成する、需要予測（APICS では需要管理の一部）や在庫管理、調達計画や供給計画などの理論的な枠組みです。後半 2 つは SCM にはない、オペレーションの実行や戦略的なリソース活用といった広義のマネジメントの概念がカバーされているといえるでしょう。

　筆者が重要だと感じている APICS の教科書のポイントを紹介します。それは S&OP やマスタースケジューリング、MRP（Material Requirements Planning）といった各種概念の関係性の体系的な整理です。APICS では **Manufacturing Planning and Control** という呼び名で、限られたキャパシティの中でいかに顧客の需要を満たすか、という重要なテーマを整理しています。それを大きく、優先度管理（Priority Planning）とキャパシティ管理（Capacity Planning）に分けています。優先度管理は 3 つのプロセスで構成されていて、それは S&OP、**マスタースケジューリング（Master Scheduling）**、MRP です。そしてこの S&OP とマスタースケジューリングのインプットとなるのが、需要予測を含む、デマンドマネジメント（需要管理）です（**図 5 - 1**）。

　筆者がロジスティクス、SCM の業務に携わる中で、S&OP という言葉はほとんど毎日聞いているものの、マスタースケジューリングという言葉は一度も聞きませんでした。SCM の中でも主に需要サイドの業務を担当してきたこともあるかもしれませんが、日本ではマスタースケジューリングよりも S&OP の方が注目を浴びている印象です。しかし APICS の教科書でまなんだ印象では、それら

は同等の位置づけです。マスタースケジューリングの定義は次の通りです。

マスタースケジューリング……基本計画立案。基準計画の作成と見直し、基準生
産計画（MPS）の調整を通じ、プロダクション
プランとの整合性を確保するプロセス。基準生産
計画（MPS、基準計画表上の一行）が資材所要
量計画（MRP）への主要な入力情報となる。製
品ファミリーに属する各品目のMPS値の合計
は、その製品ファミリーのプロダクションプラン
と一致しなければならない。

（APICS, 2018b）

　つまりマスタースケジューリングとは、S&OPで決定した需給計画を実行に
移すための計画であり、大変重要なものです。ちなみにMRPの定義は次の通り
です。これらが連携され、メーカーの戦略が実行されていくと述べられていま
す。

MRP……資材所要量計画。資材所要量を計算するために、部品表データ、在庫
データ、MPSを用いる手法。資材の補充指図のリリースを推奨する。
さらにMRPは、期間別に計算されるため、納期や必要期日が期間内
にない場合、発行済指図の再スケジューリングを推奨する。期間別
MRPは、MPS上の品目から始まり、次の2つを判断する。（1）それ
らの品目の製造に求められるすべての部材や資材の数量。（2）部材や
資材の所要期日。……後略……

（APICS, 2018b）

　これらの知見はおそらく実務と研究の両サイドから整理されたものです。
SCMを構成する概念と全体像、その中での関係性を理解した上で実務経験を積
むことが、スペシャリストへの最速の道だと思います。

5.2 デマンドマネジメント

そして本書のメインテーマである需要予測は**デマンドマネジメント（Demand Management：需要管理）**という章の中で整理されています。この言葉も日本では滅多に聞きません。この定義は次の通りです。

デマンドマネジメント（需要管理）……市場に提供する製品やサービスのすべての需要を認識する機能。それには供給が不足した場合の、需要の優先度管理も含まれる。

（APICS, 2018b）

筆者はこのデマンドマネジメントを、需要予測をベースとした、各種ステークホルダーへの提案機能のようなものだと捉えています。需要予測というと、在庫管理や生産計画のためと捉えられがちです。筆者はそれに加え、マーケティングや経営への提言としても活用する価値があると考えています。これは前著『需要予測の基本』でも提唱しましたが、本書ではより具体的にその意図や内容を述べていきます。

APICS の定義では、デマンドマネジメントは次の３つの概念で構成されていると述べられています。

（１）マーケティング（マネジメント）
　　　企業や消費者との商取引を生み出すための、製品の設計、価格設定、宣伝、および流通のこと。

（APICS, 2018b）

（２）CRM（Customer Relationship Management）
　　　顧客関係管理。顧客を第一に考えたマーケティング哲学。（ERP の情報とは対照的に）顧客の現存及び潜在ニーズを理解し、販売及びマーケティングの意思決定支援を行うために設計された情報の収集及び分析を行う。……後略……

（APICS, 2018b）

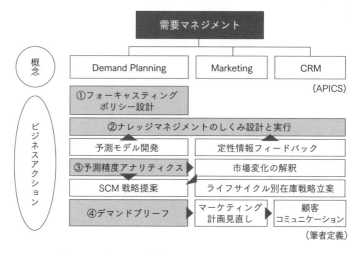

図 5 - 2　デマンドマネジメントのための 4 つのアクション

（3）需要予測：Demand Planning　＊定義は 2 章参照

　つまりデマンドマネジメントとは、需要予測やマーケティングを踏まえた需要
に関する計画全般を把握し、可能な範囲でコントロールするという概念だと解釈
しています。そしてこれを実務に落として考えると、さきほど述べた、需要予測
ベースのマーケティングや経営への提案となるわけです。
　データ分析に基づく客観的な需要予測をベースに、マーケティング計画や事業
計画を加味して SCM を動かすとともに、供給の面から CRM を支援します。供
給にはサプライヤーやメーカーの工場の生産キャパシティや人員といった制約が
あり、常に顧客の要望通りに製品を供給できるわけではありません。時には限ら
れた供給を CRM の観点から配分することも必要になります。需要予測を武器
に、こうした需給バランスを調整するのがデマンドマネジメントといえるでしょ
う。
　これを精度高く行っていくためには、筆者は次の 4 つのアクションが重要にな
ると考えています（**図 5 - 2**）。

（1）フォーキャスティングポリシーの設計
　フォーキャスティングポリシーとは、需要予測のガイドラインであり、目的や

活用できる情報に合わせた需要予測のやり方を整理したものです。マーケティング計画や事業計画との調整も含め、需要全般を効率的に管理するために必要です。

（2）ナレッジマネジメントのしくみ設計と実行

　8章で詳しく説明しますが、需要予測は必ずナレッジマネジメントとセットで行う必要があります。これをしないと、常に場当たり的な需要予測となり、精度向上は期待できません。また、ナレッジマネジメントはマーケティング部門など、顧客と接し、CRMを推進する部門と協同で行います。

（3）精度ドリブンの予測管理

　需要予測はやりっぱなしにするのではなく、評価することが重要です。そのためには16章で解説する精度指標を定義する必要があります。予測精度を分析することで、改善すべき課題を発見できるだけでなく、それが市場変化を察知するきっかけにもなります。これをマーケティング部門へ共有し、アクションにつなげることが非常に重要です。

（4）デマンドブリーフ

　17章で詳しく説明しますが、需要に関する情報発信です。先述のナレッジマネジメントと精度ドリブンの予測管理がしっかりできていると、マーケティング部門など、顧客とコミュニケーションする部門へ価値のある示唆を提供することができます。

　こうしたアクションを通じて需要全般に関わる情報を管理し、マーケティングといった需要サイドと、SCMといった供給サイドへ信頼性の高い情報を発信する機能が、ビジネスにおけるデマンドマネジメントといえるでしょう。

5.3　需要予測の前提を決める

　デマンドマネジメントの一要素である需要予測について、世界標準の基礎的な知識を紹介します。まず、需要予測は計画や目標ではありません（Moon,

（1）	種類	独立と従属、関連
（2）	構成要素	トレンド、季節性、ノイズ
（3）	プリンシプル （決めごと）	①SKU別、ファミリー計などの物的粒度 ②日別、週別などの時間単位 ③1週間先、2ヵ月先などの対象期間 ＊大きい粒度、単位、近い期間ほど高精度
（4）	セグメント	顧客層別、地域・国別などの区分け
（5）	プロセス	データ準備、統計的予測、コンセンサス

表5-1　需要予測で最初に整理すること

2018）。企業には一般的に、財務計画や販売目標（予算）などがありますが、需要予測はそれらから導くものではないということです。これが前提です。企業によっては販売目標を製品別に按分し、それを生産計画へ連携させていますが、これは正確には需要予測をやっていないということになります。良い悪いではなく、世界では、需要予測は計画や目標とは異なる概念として認識されているということを知っておいてください。それでは、ビジネスで需要予測を行ううえで確認しておくべき5つの項目を説明します（**表5-1**）。

（1）需要の種類

　需要には独立需要と従属需要という2種類があります。これは具体例で説明します。例えば化粧水を想像してください。製品としての化粧水は、中身である化粧水以外にも、瓶やキャップ、説明書や箱などから構成されています。この時、化粧水という製品自体の需要は独立需要であり、その他、中身や瓶、キャップや箱などの需要は化粧水自体の需要から計算することができる、従属需要となります。よって、需要予測の対象となるのは独立需要のみとなります。

　APICSではこういった一製品内における独立需要と従属需要に分けていますが、筆者はこれに加え、関連需要という三つめの需要を提唱しています。例えばファンデーションの需要を独立需要とした時の、ファンデーションケースやスポンジの需要のことです。これらはファンデーションの需要に対する比率を予測することで、それらの需要を予測するのが効率的であり、独立需要とは異なるものと考えることができます。この他にも、化粧水の詰め替えや、ネクタイに対するポケットチーフの需要なども近いかもしれません。これらは一意に計算できる従属需要とは異なりますが、独立な需要として予測するよりも、関連製品として、

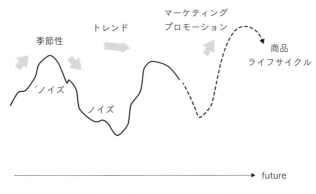

図 5 - 3　需要を構成する要素

大元の独立需要を持つ製品の需要から予測する方が、スピードが速く、精度も高いでしょう。

（２）需要の構成要素

　つづいては需要の構成要素です。需要は次の４つの要素に分解することができると考えられていて、多くの需要予測モデルはこの構成要素を踏まえたものになっています（**図 5 - 3**）。

１．トレンド（Trend）

　　需要の中長期的な傾向。

２．季節性（Seasonality）

　　製品やサービスの特徴による需要の季節性。ただし、必ずしもその製品が持つ特徴によるものではなく、製品が販売されるチャネルの月ごとの特徴（例えばデパートの年始のセールなど）や、消費者の経済的な月の特徴（例えばボーナス月など）なども影響します。

３．ノイズ（Noise）

　　大きなトレンドや季節性とは異なる、より短期の細かな需要変動。局所的な悪天候の影響であったり、一部店舗のプロモーションであったり、中長期で見れば様々な場所で一定の回数くり返されるような出来事によるものです。

４．循環性（Cyclicity）

　　現実的に、メーカービジネスの需要予測では考慮しないことが多いですが、景気や為替レートなどマクロな環境要素の循環サイクルのことです。これら

は予測することが難しい一方、サイクルが長いため、ビジネスにおける需要予測では考慮する必要がないとも考えられます。

（3）フォーキャストプリンシプル

これは需要予測の目的とも関係しますが、

・どの物的粒度

・どれくらいの時間単位で（Forecast Interval：需要予測周期）

・どれくらい先の期間について

予測を行うかを決める必要があります（Stadtler, Kilger & Meyr, 2015）。

物的粒度とは、製品別（SKU別）なのか、製品ファミリーごとなのか、ブランドやカテゴリー単位なのかということです。

時間単位とは、需要予測周期（Forecast Interval）とも呼ばれ、月、旬、週、日などがあります。

そして何ヵ月、何週間先の需要を予測するかも決めます。予測を行っている最長の期間を**需要予測範囲（Forecast Horizon）**といいます（APICS, 2018b）。S&OPを推進するには、短くとも18ヵ月以上は必要だとされています。

これらはすべて、需要予測の目的次第です。例えば原材料の発注のためであれば、製品別・数ヵ月単位・4ヵ月先などになるかもしれませんし、事業計画との整合を確認するためであれば、ブランド別・月単位・今年1年などになるかもしれません。コンビニエンスストアの発注であれば、製品別・日単位・翌々日などになるでしょう。

予測精度の観点では、

・物的粒度は大きく

・時間単位も大きく

・直近

の方が、精度が高くなる傾向があります。これは物的粒度や時間単位が大きいほど、製品ごとや日ごと、週ごとなどの細かな需要変動が相殺されますし、すぐ先の未来であれば、想定外の環境変化（自然災害やウイルスの発生など）が起こる確率も低いからです。ただしこれはあくまでも統計的に、ということであり、ビジネスの特徴によっては必ずしも成り立つわけではありません。例えば筆者が見た事例では、直近になると営業部門が需要予測に、品切れ防止を意図した意思を

加えるため、精度が悪化するという企業もありました。

　需要予測は株式投資と似ている側面があると考えています。それは、結果が運と実力の両方の影響を受けることです。さらに、短期的には運の影響が比較的大きく、中長期的には実力の影響が大きくなっていくところも類似しています。ここでいう運とは、自分ではコントロールできない要素のことを指しています。需要予測でいえば、自然災害やウイルスの拡散といった外部環境の変化と、そうした環境変化を踏まえたマーケティングの変更などです。これらはデマンドプランナーがコントロールできるものではありません。つまり、1ヵ月〜数ヵ月といった短期間の需要予測の精度は、現状の予測モデルの妥当性やデマンドプランナーのスキルの測定には適していないといえます。

　フォーキャスティングポリシーは需要予測を行う時だけでなく、予測精度を評価する際にも確認する必要があります。例えば予測システムを導入するにあたり、複数を比較検討する場合、どの物的粒度で、どれくらい先の期間を対象にした予測精度なのかを踏まえて評価すべきです。SKU別で半年以上先などを対象とすると、予測精度は誤差率（乖離／実績）で20〜30％などと高くならない方が一般的です。また、数ヵ月間の予測精度が高くても、そのシステムが中長期的に有効活用できるという判断はできません。

（4）需要予測のセグメント

　需要予測のセグメントという概念も重要です。これは例えば、地域別、顧客の属性別、販売チャネル別などといった分け方を考えることができます。基本的には、これは需要に影響する要素が異なるか、を踏まえて分けることが、需要予測の観点からは有効です。需要に影響する要素が同じであれば、先述の通り、統計的にはまとめて予測する方が、精度が高くなります。需要に影響する要素に合わせ、マーケティングが検討される傾向があり、それに合わせて組織も分かれている場合が多いことから、組織の担当分けと需要予測のセグメントが同じになることもあります。

　しかし重要なのは、需要に影響する要素に合わせて、需要予測のセグメントを分けることであり、組織に合わせることではありません。需要予測のセグメントについては、予測モデルと密接な関係があるため、より具体的な内容については12章で取り上げることとします。

（5）需要予測のプロセス

　最後は需要予測のプロセスです。これにはいくつかの考え方があります。
Sehgal（2009）は次の３つのサブプロセスに分けています。

1．変動要素マネジメント
2．予測プロセス分析
3．コンセンサス予測（関係する複数の部門で需要予測に対する合意を形成する
　　こと）

　また、Stadtler, Kilger & Meyr（2015）はより細かく６プロセスで整理してい
ます。

1．予測用データの準備
2．統計的予測
3．判断的予測
4．コンセンサス予測
5．従属需要の算出
6．予測値の提示

これもビジネスモデルによって異なることもあり、あくまでも参考として確認い
ただければ十分かと思いますが、一方で重要な共通点が３つあります。

・需要予測のためのデータはきちんとマネジメントする必要があること
・統計分析を含む、データ分析による予測値をベースとすること
・関係者でコンセンサスを取ること

　つまりビジネスにおける需要予測とはいえ、ベースはできるだけ客観的なデー
タ分析に基づくものである必要があります。一方で、定性的、時には不十分で曖
昧な情報も関係者で共有、議論し、コンセンサスを得ることが重要だということ
です。それを効率的に推進するためには、事前に必要なデータを想定し、議論し
やすい形に分析しておくことが有効になるわけです。このお膳立てと議論のファ

シリテートこそ、デマンドプランナーの腕の見せ所といえるでしょう。筆者の実務経験を踏まえると、需要予測のプロセスは次の通りと提案します。

0. 需要予測用データベースのデザイン
1. 予測対象品に関する情報収集
2. 収集データを踏まえた予測モデル選択
3. 予測モデルに合わせた需要データ分析
4. 定量×定性的需要予測
5. 関連部門への予測提案と議論（コンセンサス）
6. 結果のふりかえりと知見蓄積

5.4　デュアルフォーキャスティング

　本章の最後は、需要予測の対象について整理したいと思います。筆者は仕事柄、多くの需要予測システムの提案を受けてきました。その中で疑問に思っているのは、需要予測システムは、一段階にしか対応していないことです。例えばメーカー向けの需要予測システムでは、メーカーからの出荷のみが対象となっています。現実には需要にはいくつかの段階があり、メーカーからの出荷以外にも、卸店から小売店への出荷、小売店で消費者が購入する数などがあります。そしてそれぞれの段階の間には在庫があり、小売店の在庫や卸店の在庫があります。それらの合計が、メーカーへの発注となり、メーカーはそれを予測してSCMを行っています。

　筆者は、一つの段階だけに着目して需要予測を行うという考えには違和感を覚えます。しかし市販のパッケージは一つの段階にしか対応できないものばかりです。消費者が小売店で何個購入し、小売店の在庫が何個増減したから、小売店からの発注は何個だった。そこに卸店の在庫の増減が加わり、メーカーへの発注数になっている。このそれぞれに理由や適正水準があり、それぞれを予測することで、精度の高い需要予測ができるはずです。

　実際、筆者の経験から、出荷データのみでの予測よりも、消費者の購買データと小売店の在庫増減のデータを使った予測の方が高精度であることがわかっています。これを2種類の予測を組み合わせるという意味で、**デュアルフォーキャス**

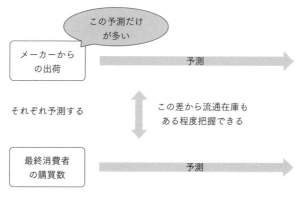

図 5 - 4　デュアルフォーキャスティング

ティング（Dual Forecasting）と呼んでいます（**図 5 - 4**）。需要予測でライバル
企業と差別化したいなら、市販のパッケージを一部カスタマイズしてでも、この
機能を設計すべきだと考えています。

　よく、日本企業のシステムはカスタマイズされ過ぎていて、それは中長期的な
管理コストの増加を招くから良くないといわれます。しかしこれは IT システム
を「守り」、つまりコスト削減の手段としてだけ捉えた場合の話です。逆に「攻
め」の IT といわれますが、そこで差別化を図っていく場合は、どの企業でも導
入できるパッケージでは不十分です。その業界のビジネスや最新の環境に合わせ
た一部のカスタマイズは有効です。もちろんカスタマイズも程度の問題であり、
すべてを一から独自で構築することには賛成しません。

　筆者がここで言いたいのは、とにかくパッケージで全社のシステムを統一、と
いう風潮が強い中、一度立ち止まって、
・どのビジネス領域ではライバルと勝負せず、コスト削減を目指し
・どの領域ではむしろ投資をして、ライバルとの差別化を図るか
をきちんと意思決定すべきだということです。さらに、需要予測は企業によって
かなりレベルにバラつきがあり、一企業内でも事業やブランドによってレベルの
差が顕著であることも多々あるため、筆者は勝負しどころの領域だと考えていま
す。

　ここで一つの重要なポイントとなるのが、先述のデュアルフォーキャスティン
グです。特に小売店や卸店の在庫が常に一定ではない、例えば需要の季節性が大

きい製品を扱っているメーカーであれば、一考の価値があるアイデアだと思います。

参考文献

APICS（2018a）*CPIM PART1 Exam Content Manual VERSION6.0,* APICS.

Moon, M. A.（2018）*Demand and Supply Integration: The Key to World-Class Demand Forecasting, Second Edition,* DEG Press.

Sehgal, V.（2009）*Enterprise Supply Chain Management: Integrating Best-in-Class Processes,* John Wiley & Sons.

Stadtler, H., Kilger, C., & Meyr, H.（Eds.）（2015）*Supply Chain Management and Advanced Planning: Concepts, Models, Software, and Case Studies,* Springer.

APICS（2018b）『第15版　サプライチェーンマネジメント辞典　APICS ディクショナリー対訳版—グローバル経営のための日英用語集』日本 APICS コミュニティー APICS Dictionary 翻訳チーム／日本生産性本部グローバル・マネジメント・センター訳、生産性出版.

圓川隆夫（2015）『戦略的 SCM—新しい日本型グローバルサプライチェーンマネジメントに向けて』日科技連出版社.

山口雄大（2018）『この1冊ですべてわかる　需要予測の基本—SCM とマーケティングを劇的に変える』日本実業出版社.

第6章

基礎的な需要予測モデル

　本章と次章では、需要予測のモデルについて紹介します。モデルの式や理論的な導出過程については、参考文献を挙げるのでそちらをご確認いただき、本書では各予測モデルの意味について解説します。筆者はシステムエンジニアではなく、需要予測の実務家として、メーカービジネスに携わってきました。いくつかの予測システムの設計にも関わってきましたが、いつもアイデアを出す役割であり、システム開発はエンジニアの方々にお任せしていました。

　つまり筆者のような需要予測の実務家には、予測式の理論的な導出過程よりも、その意味を理解した上でそれを使いこなし、さらに市場環境の変化に合わせて新しい予測アイデアを出せるようになることが重要だと考えています。そのためにも、一般的な予測モデルと、それらが進化してきた歴史についてはおさえておきましょう。巨人の肩に乗り、より遠くの景色を見ることが、プロフェッショナルへの近道です。

6.1　3種の予測モデル

　2章でも少し紹介しましたが、需要予測には一般的に、次の3種類のモデルがあるといわれています（Moon, 2018）。

（1）時系列モデル（Time Series Methods）
（2）因果モデル（Causal Methods）
（3）判断的予測（Judgmental Forecasting）

時系列モデルとは、時系列分析を行うものです。時系列分析とは、北海道大学の客員教授である萩原淳一郎さんが整理しているところによると、「関心のある事象における過去・現在・未来の値を適切に把握し（推定し）、関連してその結果を元に、事象のしくみや影響に関する知見を得たり対策を考えたりする営みである」（萩原ほか, 2018）ということです。これを需要予測の目線で解釈すると、過去の連続的な需要データからその対象（製品の需要）が持つ周期性（季節性）やトレンドを分析し、未来を予測する分析といえるでしょう。

　因果モデルとは、需要の因果関係を想定し、それらの過去の関係性を分析することで、未来を予測するモデルです。

　判断的予測とは、人による主観的、感覚的な判断で予測を行うものですが、これを科学的に行う手法もいくつか知られています（Hogarth & Makridakis, 1981; Moon, 2018）。

　これらのうちで、最も研究が進んでいるのはおそらく時系列モデルでしょう。海外と比較し、需要予測の論文や書籍が少ない日本でも、時系列予測に関する書籍は比較的多く公表されています。つまり時系列モデルは、ほとんどのパッケージにある程度完成されたモデルが実装されていて、過去データが十分にあり、環境変化が起こりにくい業界であれば、かなり有効に活用することができる状態です。

　逆に科学的に整理された手法がほとんど見当たらないのが、判断的予測です。デルファイ法（Delphi Method）やベイジアンコンセンサス法などが代表的ですが、これらといえども、ビジネスで広く使われているとは言い難い状況です。デルファイ法とは、複数人が行った需要予測を、その根拠と共に集め、それを再び全員に配り、他者の予測と根拠を確認しながら、自身の需要予測を更新する、というサイクルを何度かくり返すという手法です（**図6-1**）。この時にポイントとなるのが、全員に配る時は、各需要予測の実施者は匿名とする、という条件です。ポジションや経験に惑わされず、根拠のみを、自身の需要予測の更新の参考にするためです。

　この手法は筆者も試しましたが、時間がかかるという欠点があるものの、運用は難しくないので、実務向きの手法といえるでしょう。実際に活用する際のポイントだと感じたのは、最初に予測を行ってもらう時に提供するデータです。もちろん、各自が自由に予測のためのデータを探すことは可能です。しかし、その需

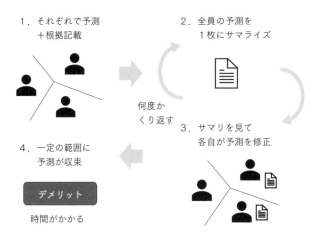

1. それぞれで予測
   ＋根拠記載

2. 全員の予測を
   1枚にサマライズ

何度か
くり返す

3. サマリを見て
   各自が予測を修正

4. 一定の範囲に
   予測が収束

デメリット

時間がかかる

図6-1　デルファイ法

要予測を取り仕切る者は、他の参加者が予測しやすいように、できるだけ必要な
データを揃えて提供するのが筋だと考えています。

　ベイジアンコンセンサス法も同様に、複数人で行う需要予測です。こちらは各
自が根拠ではなく、予測の自信を自己評価し、それを予測値と共に提供します。
その自信度と、過去のその予測者の精度成績を使ってウエイトを付け、参加者全
員の予測を合算するという手法です。この手法が実務で使いづらい理由は、

・参加者を一定期間固定する必要があること

・どのようにウエイトを付けるべきかがわかりづらいこと

です。筆者は150社を超える企業の SCM プロフェッショナルと需要予測の話を
してきましたが、ベイジアンコンセンサスを使っている企業に出会ったことはあ
りません。

　そして14章で紹介しますが、筆者は AHP（Wind & Saaty, 1980）を使った判
断的（というよりむしろ直感的）モデルを提唱し、実験で精度検証した結果を整
理しています（山口, 2020）。これも筆者の知る限り、需要予測の実務に活用し
ている企業はありません。

　つまり判断的予測にはまだ王道と呼べるモデルはなく、パッケージにも実装さ
れていないので、これから研究を通じてブラッシュアップする余地があり、大変
興味深い領域だと筆者は考えています。

　近年話題の AI は、この中では因果モデルに近いという印象です。AI の中で

も、需要予測を目的とする場合の学習法は、3次ブームの火付け役になったディ
ープラーニング（Salakhutdinov & Hinton, 2012）ではなく、従来の機械学習に
なると感じていますが、機械学習を使った需要予測モデル構築で重要なのは、特
徴量エンジニアリングです。

　特徴量エンジニアリングというのは、AI に学習させるデータを、人が経験と
仮説を基に作り込んでいくオペレーションのことです。AI が魔法の箱のように
考えられていたブーム初期の頃は、とにかく大量のデータを入れれば、人が考え
るよりも精度の高い予測が出てくると思われていました。しかし実際にトライア
ルしてみると、少なくとも需要予測においては、全くそんなことはないことが判
明しました。需要予測のプロフェッショナルが持つ、消費者の購買行動に関する
仮説に基づき、複数のデータを数学や統計学を駆使して組み合わせ、AI の学習
データをつくることが必要になるのです。そしてこの良し悪しが、需要予測 AI
の成否を決めます。

　つまり、仮説に基づいて需要に影響する因子を想定し、それに関連するデータ
を分析するという意味で、需要予測 AI は因果モデルに似ていると述べたわけで
す。そしてビジネスの現場では、これら3種の予測モデルが適宜組み合わされ
て、需要予測が行われています。

6.2　時系列モデルの起源、指数平滑法

　以上のように様々な需要予測モデルがあり、メリットもデメリットも様々なの
ですが、時系列モデルで有名なものの多くは、**指数平滑法（Exponential Smoo-
thing）** という手法をベースとしています。指数平滑法は、過去実績を平らに均
して未来を予測するのですが、直近の実績ほど重みを付けて活用するという考え
のものです。これは1944年にアメリカ海軍のオペレーションズリサーチアナリス
トであった Robert G. Brown が開発したと考えられているものです。ちなみに
Robert は、海軍のスペアパーツの在庫管理のためにこの手法を開発したそうで
す。指数平滑法のベースとなる式は次の通りになります。

$$\overline{x_t} = \overline{x_{t-1}} + \alpha[x_t - \overline{x_{t-1}}]$$

（Brown & Meyer, 1961）

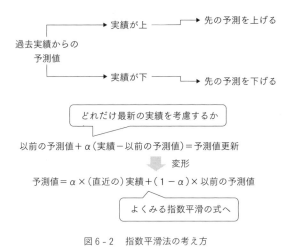

図6-2　指数平滑法の考え方

ここで、$\overline{x_t}$ は時点 t における x の過去実績の平均値であり、x_t は観測値、つまり実績です。α は smoothing constant と呼ばれる 0 から 1 の間にある係数です。直近の実績が過去の平均値よりも高ければ、その先の予測値を高くし、逆の場合も同様である、というルールが式で表現されたものになります。また、その程度感も反映されるようになっています。これは人の思考と同じですよね。この式を変形したのが次式であり、予測に使われるものです。

$$\overline{x_t}=\alpha\sum_{j=0}^{t-1}(1-\alpha)^j x_{t-j}+\alpha(1-\alpha)^t x_0$$

x_0 は予測に活用する、最も古い時点の実績です。つまり、過去の実績を α という係数を使って重みづけし、合算したものが予測値になるという考え方になります（**図6-2**）。

　これは過去実績の季節性やトレンドを除去してしまうため、需要が一定の水準でランダムに変動するような需要特性を持つ製品の需要予測に向いている手法となります。需要の3要素でいうと、ノイズの影響が季節性やトレンドよりも比較的大きい製品、より具体的には、需要の規模が小さい製品向けの手法として筆者は活用してきました。そして指数平滑法を実務で使う際の重要なポイントは、ウエイトづけです。

つまり、直近の実績にどれだけの重みを付けるのか、というαをいくつにするかの意思決定です。これは実績が更新される度に計算し直すことも考えられますが、初期値x_0も決めなければなりませんし、現実のビジネスで、例えば数千〜数万の製品を扱っている場合、それらすべてについて毎週や毎月、ウエイト付けを更新するというのも難しいでしょう。理論的にできる、ということと、ビジネスで有効である、ということにはかなりのギャップがあるというのが事実だと感じています。データ分析に基づくこのウエイトの決定が、指数平滑法をビジネスで使いこなせるかの分かれ道となるでしょう。

　予測したい需要に一定のトレンド（水準の変化）が見られる場合は、指数平滑法によってトレンドを表現する係数を予測するという double smoothing（二重指数平滑法）で予測モデルをつくることができます。また、さらにトレンドも変化する需要に対しては、triple smoothing（三重指数平滑法）を活用するというように、需要の特性に合わせて拡張することも可能です。この後で紹介する、ホルト・ウインタースモデルはこういった一例です。

6.3　シンプルな移動平均法

　実務において意外と使えるのが、よりシンプルな**移動平均法**です。これは指数平滑法における重み付けを、すべて均等にした場合のモデルになります。つまり直近の実績も、参考にする最も古い実績も、同じ重みで考慮するということです。ウエイト付けをしなくて良いためわかりやすいのと、予測精度としても指数平滑法と比較して実際は悪くないため、ビジネスでは使いやすいのです。Hogarth & Makridakis（1981）でも、シンプルなウエイトづけの予測モデルの精度は、複雑な計算でウエイトづけをした予測モデルと同等以上だったと述べられています。移動平均は需要データの分析でも、トレンドを把握するためによく使うので、デマンドプランナーにとっては馴染みのある手法ともいえるでしょう（図6-3）。

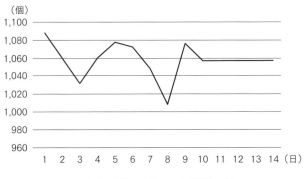

図6-3 移動平均法による予測値の例

6.4 季節性とトレンドを考慮するホルト・ウインタースモデル

　以上の2つの予測モデルは、予測値が直線的な値になり、実務においては使い道が限定されます。現実には多くの消費財において、その需要には季節性やトレンドが見られます。季節性とは単にその製品の需要が持つ季節性（例：日焼け止めが夏に売れる）だけでなく、消費者の生活サイクル（例：夏季休暇や年末年始休暇）や、企業の営業活動の季節性（例：決算）も含まれます。つまり季節性やトレンドを考慮できる予測モデルが必要になるのですが、その代表的なものが**ホルト・ウインタースモデル**（Holt-Winters Model）です。これは1957年にCharles Holt が考案したもので、2004に論文として発表されています（Holt, 2004）。Holt の生徒であった Peter Winters が実証研究を行い、先に論文として発表したため、ホルト・ウインタースモデルと呼ばれています（Winters, 1960）。このモデル式は次の通りです。

$$S_{t,T}=[S_t+TR_t]F_{t-L+T}$$

（Winters, 1960）

　ここで、S_t は時点 t における需要の実績であり、L は周期性（月単位の需要予測であれば12ヵ月）、F は季節性を表す要素です。また、R_t は時点 t におけるトレンドを表す要素となっています。つまり、このモデル式を需要予測目線で解釈すると、時点 t から T 期間先の時点における需要は、時点 t の実績に期間 T 分

のトレンド変化を加え、それに時点 $t+T$ 時点における季節性を掛けて算出される、ということになります。この時の季節性は、1 サイクル過去、つまり $t+T$ から周期 L を遡った時点のものが使われます。具体的な計算式に興味のある方は、参考文献として挙げている原著の論文をご参照ください。

先述のモデル式では、季節性の項目が掛け算の形で表現されていますが、足し算で表されたモデルもあります。

$$S_{t,T} = S_t + TR_t + F_{t-L+T}$$

ここで重要なのは、このホルト・ウインタースモデルも指数平滑法をベースにしているということと、季節性とトレンドを考慮できるということです。例えば季節性を表す要素 F は、次の式から導かれています。

$$\overline{S_t} = A \frac{S_t}{F_{t-L}} + (1-A)\overline{S_{t-1}}$$

A は 0 と 1 の間の係数であり、これは指数平滑法と同じ形の式です。

以上のように、ホルト・ウインタースモデルはトレンドと季節性を反映した予測値を出すことができます。しかし先述の式をエクセルで表現することは簡単ではない上、製品ごとの初期値の設定も簡単ではなく、また重みづけを手動で更新し続けていくのは現実的ではありません。ただ、ほとんどの需要予測システム（パッケージ）には実装されているモデルなので、本書で記載したレベルの意味の理解があれば、実務では問題なく使いこなすことができるはずです（**図6-4**）。

本章で紹介した指数平滑法、そしてそれをベースに季節性とトレンドを考慮したホルト・ウインタースモデルが、需要予測モデル発展の黎明期を支えたといって良いでしょう。特に筆者は、ホルト・ウインタースモデルで整理された、季節性、トレンド、ノイズという需要の3要素への分解が非常にわかりやすく、かつこの先も不変な重要概念だと考えています。次章では、さらに指数平滑法を応用した予測モデルを紹介します。式はより複雑になり、興味のある方のために参考論文も示しますが、重要なのはどのような考えで需要予測モデルの進化が考えられてきたかだと思います。それを念頭に、需要予測モデル進化の歴史を辿っていきましょう。

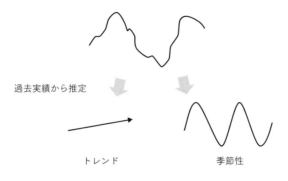

過去実績から推定

トレンド　　　　　　　　　季節性

トレンドと季節性は未来も継続するという考え方

図 6 - 4　ホルト・ウインタースモデルの考え方

参考文献

Brown, R. G., & Meyer, R. F.（1961）"The fundamental theorem of exponential smoothing," *Operations Research*, 9(5), 673-687.

Hogarth, R. M., & Makridakis, S.（1981）"Forecasting and planning: An evaluation," *Management Science*, 27(2), 115-138.

Holt, C. C.（2004）"Forecasting seasonals and trends by exponentially weighted moving averages," *International Journal of Forecasting*, 20(1), 5-10.

Moon, M. A.（2018）*Demand and Supply Integration: The Key to World-Class Demand Forecasting, Second Edition*, DEG Press.

Salakhutdinov, R., & Hinton, G.（2012）"An efficient learning procedure for deep Boltzmann machines," *Neural Computation*, 24(8), 1967-2006.

Wind, Y., & Saaty, T. L.（1980）"Marketing applications of the analytic hierarchy process," *Management Science*, 26(7), 641-658.

Winters, P. R.（1960）"Forecasting sales by exponentially weighted moving averages," *Management Science*, 6(3), 324-342.

萩原淳一郎・瓜生真也・牧山幸史（著）、石田基弘（監）(2018)『基礎からわかる時系列分析―R で実践するカルマンフィルタ・MCMC・粒子フィルター』(Data Science Library) 技術評論社.

山口雄大（2020）「知の融合で想像する需要予測のイノベーション（第 5 回）プロフェッショナルの直感が有効になる時（前編）需要予測×経営理論」『ロジスティクスシステム＝Logistics systems』29(2), 30-33.

第 7 章

やや応用的な需要予測モデル

　時系列モデルは80年近く前に考案された指数平滑法をベースに、様々な研究者によって発展してきました。中でも有名なのが、**ARIMA モデル**（Auto Regressive Integrated Moving Average Model）です。これはほとんどのパッケージシステムに実装されているので、名前を聞いたことのある方は多いかもしれません。また、指数平滑法を発展させたモデルとしては、**状態空間モデル**（State Space Model）も比較的有名です。これは、真実は把握することが難しい状態に対し（例えば稀少動物の生息数）、観測可能なデータから予測するというモデルです。

　本章ではこれらのモデルの意味について解説します。また、一部の研究者の間で注目を集めている**機械学習**（Machine Learning）を使った予測モデルについても簡単に紹介します。ただこれは11章で述べるデータマネジメントが重要になるモデルです。

7.1　ARMA モデル

　まずは時系列予測の書籍や論文でよく登場する ARMA モデルです。これは次の 2 つのモデルを組み合わせて作られています（Box, Jenkins & Reinsel, 2008）（**図 7 - 1**）。

（1）Auto Regressive（自己回帰）
……予測対象自体の過去実績を説明変数とするモデルです。どれくらい過去を遡った実績まで活用するかを決める必要があります。

◆AR モデルの考え方 "昨日売れたから今日も売れる"

過去の実績に重みをつけて平均

未来

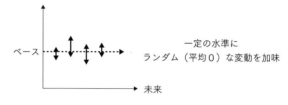

◆MA モデルの考え方 "昨日売れた分今日は売れない"

ベース

一定の水準に
ランダム（平均０）な変動を加味

未来

図7-1　AR モデルと MA モデルの考え方

$$予測値 = 定数 + \phi_1 \times 1時点前の実績 + \phi_2 \times 2時点前の実績 + \cdots + 誤差項$$

（２）Moving Average（移動平均）

……予測値と実績の差、つまり誤差を説明変数とするモデルです。これもどれくらい過去を遡った誤差まで活用するかを決める必要があります。先述の移動平均（一般的に広まっている移動平均）とは異なる概念として捉える方がわかりやすいと思います。

$$予測値 = 定数 + \theta_1 \times 1時点前の誤差 + \theta_2 \times 2時点前の誤差 \cdots$$

　これらは共に、指数平滑法の考え方が使われており、直近の実績や誤差ほどより予測値に反映されるという式になります。考慮される程度は ϕ や θ によりますが、これらは０と１の間の数字をとり、この時の予測値は「定常である」といわれます。ARIMA モデルを含む時系列モデルでは、この「定常性」という概念が重要になります。これは萩原淳一郎客員教授が著書で整理しているところによると、「確率過程における定常性とは、時点が変わっても確率的な特徴が変わらないこと」（萩原ほか, 2018）です。需要予測の観点で解釈すると、「需要の水準や季節性が変化しないこと」に該当すると考えます。

　この定常性の概念や、時系列モデル（時系列分析）はかなり奥が深く、専門的

な領域です。より詳細な内容に興味を持った方は、章末に挙げた参考文献などを参照してください。既存製品の需要予測システムを開発するエンジニアを目指す方などは、時系列分析の理論についても詳しくなっておく必要があるでしょう。

　上記の誤差はホワイトノイズ（白色雑音）と呼ばれ、平均が0で一定の分散を持つ分布に従って発生します。つまり、長期的には±0になる誤差です。これら2つのモデルを足し合わせたものはARMAモデルと呼ばれますが、このモデルでは需要の水準が変化しないものを対象としています。よってARMAモデルではトレンドを考慮できません。

7.2　ARIMA モデル

　製品の需要水準は基本的に変化するものであり、トレンドを想定できるモデルでなければビジネスでは使えないでしょう。そこで有効になるのが、左辺を単なる予測値ではなく、水準の変化がなくなるまで予測値の階差としたものがARIMAモデル（Auto Regressive Integrated Moving Average Model）になります。ARIMA モデルの式は次の通りとなります。

　　予測値の階差(トレンドが0になるまでくり返す)＝ ARモデル＋MAモデル

　この階差がややわかりづらいので補足すると、0階から2階までは次の通り解釈できます（**図7-2**）。

0階の階差……階差なし。つまり需要水準の変化がない場合を想定しており、左辺は予測値となる。ARMA モデルのこと。

　需要予測の実務での活用を想定すると、例えば発売から数年以上が経過し、かつ流行の影響を受けにくい製品（生活必需品のようにくり返し購入される確率が高い）の需要予測に使えます。ただし、競合メーカーなどから似たような機能を持つ製品が発売になったりすると、需要の水準が大きく下降する可能性が高いため、それには注意しておく必要があります。

1階の階差……予測値－1時点前の予測値。季節性を無視すれば、これはトレン

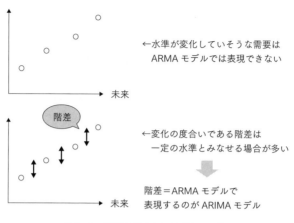

←水準が変化していそうな需要は
　ARMA モデルでは表現できない

階差

←変化の度合いである階差は
　一定の水準とみなせる場合が多い

未来

階差＝ARMA モデルで
表現するのが ARIMA モデル

図 7 - 2　　階差の考え方と ARIMA モデル

ド（水準の変化）といえる。トレンドが 0 でない一定の値の場合
に有効。

　これが需要予測で有効になるのは、需要が一定の値で変化している期間という
ことになります。具体的には、新製品の需要が発売後に徐々に下降している期間
や、リペアパーツや詰め替え用の製品などの需要が徐々に増加していく期間が挙
げられます。ただし、こういったトレンドが一定の割合で変化する期間は必ず終
わるため、トレンドの変化を常にモニタリングすることが必要になります。

2 階の階差……（予測値－ 1 時点前の予測値）－（1 時点前の予測値－ 2 時点前の
　　　　　　　予測値）。トレンドは変化しているが、その変化の度合いが一定
　　　　　　　の場合に有効。

　トレンドが変化している場合でも、その変化の度合いが一定とみなせる期間に
有効になると考えられます。1 階の階差の ARIMA モデルよりも、使用場面は
限られるでしょう。

　以降は同様の思考ですが、階差は多くの場合は 1 で済むそうで、論文でも 2 以
上の具体的な事例はあまり見かけません。製品のライフサイクルに沿って、

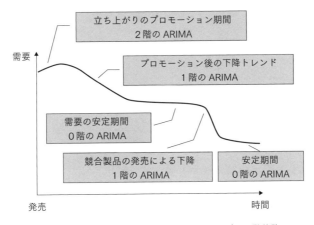

図7-3　製品のライフサイクルとARIMAモデルの階差数

ARIMAモデルの適用を考えると、例えば**図7-3**のように活用できるのではないかと考えます。

　多くの需要パターンにおいて、おそらく2階の階差が適合する期間は短く、0階または1階の階差のARIMAモデルで近似できる場合が多いということでしょう。もしくは、モデルを頻繁に変更するコストよりも、1階の階差のモデルの誤差を許容してしまう方が、コストが低いのだと考えられます。

　ARIMAモデルは
・予測対象の過去実績を説明変数とする自己回帰的な考え
・ノイズをモデルで表現
・階差という概念でトレンド変化なしの被説明変数を想定
という特徴を持ちます。

　ビジネスにおける需要予測では、先述の通り、解釈が簡単ではありません。ノイズを表現できても、ノイズには規則性がなく、予測はできないものです。トレンドが0となる階差はおそらく製品ごとに、またライフサイクルやマーケティングによっても異なることが想像できます。現実にはトレンドやその変化が常に一定ということはなく、マーケティングプロモーションによって上昇トレンドの時もあれば、競合ブランドの新製品発売によって下降トレンドに変わる時もあります。これを定期的に全製品について更新するにはそのためのシステムが必要になるはずであり、それを人が都度行うことは現実的ではないでしょう。

この ARIMA モデルは（AR モデルの次数、階差の次数、MA モデルの次数）の３種類のパラメータで表現されます。さらに季節性を考慮するためにはさらに同様の３種類のパラメータを設定する必要があり、これは Seasonal-ARIMA モデルと呼ばれます。この新たな３種のパラメータによって、過去の季節性を、指数平滑法で定量的に表現します。

しかしこれはパラメータが多いため、実運用では様々な仮定を置くことになると考えられます。よって ARIMA モデルを活用する際は、各パラメータがいくつに設定されていて、かつそれを需要予測で解釈するとどういう意味になるかを、デマンドプランナーは一度考えてみるべきだと思います。

システムを導入しても、このパラメータの設定はユーザー企業サイドで管理することが求められます。導入時は SIer やコンサルタントの協力で設定すると思いますが、任せきりにすると、実務運用がはじまった後で更新ができなくなります。結果、予測精度は下降していき、システムが使われなくなっていくのです。

導入したシステムに ARIMA モデルがデフォルトで実装されている場合は、十分に使う価値はあると思います。しかしモデルの複雑性と精度を考慮すると、ARIMA モデルを使うためにシステムを導入する、というほどではないと感じています。

7.3　状態空間モデル

ARIMA モデルよりも優れているといわれることもあるのが、**状態空間モデル**（**State Space Model**）です。このモデルの特徴は、時系列データに若干の不確実性があっても、予測ができるところです。具体的には、データに欠損があったり、カバー率が100％でなかったりしても使えるということです。状態空間モデルでは、真実の状態と観測値の２種類をモデルで表現します。

$$真実の状態 ＝ \alpha \times 観測値＋観測誤差$$
$$観測の予測値 ＝ \beta \times 1 時点前の予測値＋ランダム誤差$$

よって、観測値の予測は指数平滑法を活用して行われ、その観測の予測値を使って真実の状態を予測するという考え方になります。これは具体例の方がわかりやすいため、需要予測で例を挙げます。

メーカーにおいては、自社からの出荷データは正確に把握できると思いますが、その先の売上については必ずしも100％把握できるわけではないでしょう。日本だけでなく海外でも同様ですが、消費者への販売データは販売店のものであり、メーカーがそれを入手するには契約や費用が発生する場合が大多数です。よって、カバー率は100％ではないのが一般的であり、需要予測においてはこのカバー率が誤差の要因となります。そこで状態空間モデルが活用できると考えます。

　　実際の小売店での売上 ＝ α ×データが入手できる店舗の売上＋観測誤差
データが入手できる店舗の売上 ＝ β × 1 時点前のそれらの店舗での売上＋ランダム誤差

という状態空間モデルを考え、過去データから α や β を推定します。実際にはこの推定が簡単ではないため、自身でモデルを組む場合は専門の書籍をご参照いただきたいのですが、上記の例のように、実務でも使える場面は十分にありそうな手法だといえます。

7.4　機械学習による需要予測

　最後は機械学習（Machine Learning）を使った需要予測モデルです。機械学習とは AI の学習法の一つとして知られていますが、正解の定義とそれに影響する大量のデータから、それらの間の法則性を見つけるという手法です。しかしその法則性は見つかったとしても基本はブラックボックスであり、必ずしも人が解釈できるとは限りません。筆者も機械学習ツールを使って需要予測の PoC（Proof of Concept）を何度かリードしたことがありますが、正直、完全なブラックボックスとはいえないまでも、機械学習による予測値の根拠は怪しいといわざるを得ませんでした。機械学習を需要予測に使う場合は、これまで紹介してきた古典的な統計予測モデルと同様の説明力を期待してはいけないと思います。あくまでも精度のみに納得して使用する、というマインドが必要になるでしょう。

　時系列モデルとして機械学習を使う場合は、特徴量の一つとして需要を予測する製品の過去実績を使うことになります。この他にも、その製品の需要に影響すると考えられる、例えばプロモーション関連のデータや製品属性、該当するカテゴリーの市場トレンドなども、できるだけ使う方が良いでしょう。詳しくは11章

の需要予測のためのデータマネジメントで説明しますが、ここで重要なのは、闇雲にデータを投入しても予測精度はほとんど良くならないということです。

その市場に詳しい、具体的には競合を含めた製品の配置や、ターゲットとなる消費者層の購買行動、プロモーションへの反応などに関する洞察を持ったプロフェッショナルが学習データをつくりこんでいくこと（特徴量エンジニアリング）が必須になります。これには時間がかかりますし、そういったエース級のデマンドプランナーというリソースを投入することも必要なので、簡単には成果は得られないでしょう。しかも時系列モデルは古典的なものでもかなりの精度が期待できるため、機械学習といえどもそれを大幅に超えることは簡単ではありません。投入するリソースと得られそうな成果のバランスをよく考え、明確な目的を整理して導入を進めるのが良いと考えています。

需要予測においては、常に複雑なモデルの精度が良いわけではありません。人の判断を伴う予測の評価をした Hogarth & Makridakis（1981）によると、時系列モデルでは多くの場合、複雑なモデルよりもシンプルなモデルの方が高精度だったと整理されています。また、同様にモデルを複雑にすることや、グループでの予測を単純平均ではなく、複雑なロジックで行うことなども、精度向上には寄与しないと述べています。これに関連した予測誤差の分解と、それを踏まえた新しい予測モデルは後半の13、14章で紹介しますが、ビジネスにおける需要予測ではモデルの作り込みが目的化しないよう注意が必要といえるでしょう。

また、近年では訪日外国人の急増やウイルスの感染拡大によって、成熟したといわれていた日本においても市場環境が大きく変化しています。こうした環境下では、数学的に高度なものでも時系列モデルによる予測精度は低下します。そのため、因果モデルや時系列ではない機械学習モデルなどの併用も検討すべきといえます。

コラム　時々爆発する需要を予測する!?

　ここで紹介するのは若干マニアックな予測モデルです。クロストンモデルは不定期な間隔で発生する需要に対応するモデルです。こういった需要は**間欠需要**と呼ばれます。具体例としてはお歳暮用の石けんセットやフレグランスなどが挙げられます。ただし、これらも常に少量は売上が上がるはずであり、正確には間欠需要ではないことの方が多いでしょう。クロストンモデルの式は次の通りです（Croston, 1972）。

$$y_t = \mu, t = np+1, n = 0, 1, 2, \cdots \quad y_t = 0, otherwise,$$
$$\hat{y}_t = \hat{y}_{t-1} + \alpha e_t, e_t = y_t - \hat{y}_{t-1}$$

　需要の発生規模と間隔を表現する式（上段）と、その規模を予測する式（下段）に分かれています。ここでは時間間隔pで、規模μの需要が発生すると想定されています。μは指数平滑法で更新されます。また、それぞれの式はシンプルさによって数段階のレベルがあります。

　最もシンプルなクロストンモデルは先述の式であり、
①需要の発生間隔は一定
②発生する需要の規模も一定
と想定するものです。それぞれ指数平滑法で過去実績から算出します。

　そしてそれよりも若干複雑なモデルは、
①需要の発生間隔はベルヌーイ分布に従う
②需要の規模は正規分布に従う
　と想定するものです。確率の要素が入り、需要の発生間隔や規模は一定ではなくなります。ただし規模は、ある平均値に対し、等しく上下に変動すると想定していることになり、トレンドは考慮できません。

　さらに需要の発生間隔については、前回需要が発生した時点からの経過時間を考慮する、より複雑なモデルも提唱されています（図7-4）。しかし実務において、ここまでの計算を都度行うことは現実的ではないでしょう。そもそも間欠需要の製品は、売上規模から経営において重要である可能性は低

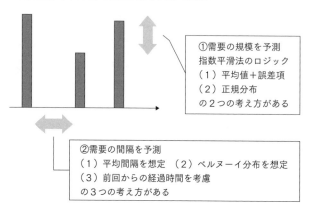

間欠需要（時々大きな需要が発生する）に対応

①需要の規模を予測
指数平滑法のロジック
（1）平均値＋誤差項
（2）正規分布
の2つの考え方がある

②需要の間隔を予測
（1）平均間隔を想定　（2）ベルヌーイ分布を想定
（3）前回からの経過時間を考慮
の3つの考え方がある

図7-4　クロストンモデルが予測する間欠需要
出所：Croston（1972）

く、需要予測に時間をかけるべきものではない場合がほとんどだと考えられ
ます。システムに実装されている場合はこの考え方を理解し、活用すること
も検討すべきです。しかしそうでない場合はシンプルな移動平均モデルで対
応し、一定の在庫を用意しておくというオペレーションが効率的でしょう。

参考文献

Box, G. E. P., Jenkins, G. M., & Reinsel, G. C.（2008）*Time Series Analysis: Forecasting and Control,* John Wiley & Sons.

Croston, J. D.（1972）"Forecasting and stock control for intermittent demands," *Journal of the Operational Research Society,* 23(3), 289-303.

Hogarth, R. M., & Makridakis, S.（1981）"Forecasting and planning: An evaluation," *Management Science,* 27(2), 115-138.

萩原淳一郎・瓜生真也・牧山幸史（著）、石田基弘（監）（2018）『基礎からわかる時系列分析—Rで実践するカルマンフィルタ・MCMC・粒子フィルター』（Data Science Library）技術評論社.

第8章

新製品の需要予測

　1950年代から進化をつづけた高度なモデルは精度も比較的高い一方、予測対象の過去の実績データを基に予測を行うという特徴があります。一方でビジネスにおける需要予測では、製品が発売になる前にも行う必要があります。発売前にもいくつかの段階があり、**表8-1**の通り、目的やタイミングは様々です。

　これらはもちろん、業界によって異なりますので、あくまでも目安です。メーカーが顧客へ提供する価値を生み出していくバリューチェーンと、サプライチェーンの各プロセスが新製品の需要予測を介して連携されていきます。予測のタイミングによって活用できるデータは異なりますが、共通しているのは、予測対象自体の過去の実績データはないということです。つまり、これまで紹介したような高度な時系列モデルは使えません。では、そこではどんな予測モデルが使われているのでしょうか？

　新製品の需要予測モデルは次の通り整理されています（Kahn, 2012）（**図8-1**）。

(1) 判断的予測（トップダウン、営業積み上げ、決定木、Assumption-Based Modeling）

　6章でデルファイ法やベイジアンコンセンサスといった具体的手法を紹介しましたが、これらは人の判断に基づくものです。経営者などトップ層が提示する目標や、営業担当者からの報告値を積み上げる手法など、属人性が高く、根拠が曖昧になる傾向があります。情報が少ない場合には有効で、組織としてパフォーマンスを維持するためのしくみを構築できるかが重要です。

需要予測時期（目安）	目的	バリューチェーンの動き
発売の1～2年前	製造原価試算	製品開発
1年前	製造キャパシティ確認	製品マスター登録
半年前	原材料発注	プロモーション決定
数ヵ月前	生産計画立案	営業商談

表8-1　様々なタイミングにおける新製品需要予測の目的と連携

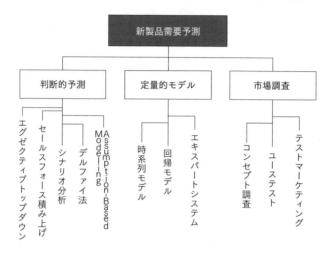

図8-1　新製品の需要予測モデル

出所：Kahn（2012）

(2)定量的手法（時系列、回帰、エキスパートシステムやニューラルネットワーク）

体系化されていて、再現性が高い手法です。しかし、ある程度の量のデータが必要となり、情報の不確実性が高い条件下では使いづらいといえます。モデル自体の正確性よりも、知見の蓄積とその活用を継続的に実施できるかが重要です。

(3)顧客・市場調査（コンセプトテスト、ユーステスト、マーケットテスト）

　新製品に関するデータを調査によって取得するところから行います。しかし一般にコストが高く、その割に精度は高くない場合が多いです。なぜなら、テスト環境は実際の購買シーンとは異なり、かつ結果からの推計にも誤差が含まれるからです。この誤差を補正するためには知見の蓄積が必要になり、その意味では定量的手法と同じ課題があるといえます。

また、調査はメーカーからすると外部の調査会社に依頼することが多くなりますが、基本的にそのロジックは秘密にされていて、提示される結果からしか妥当性を評価することができないというデメリットもあります。社内の説得には一定の根拠を示すことができますが、かかる時間やコストとのバランスはよく考えて活用すべき手法です。

　このように多くの予測モデルが知られている一方、実際にビジネスで使われているものは多くはありません。さらに、世界でも支配的な新製品の予測モデルはないといわれています。

8.1　重回帰分析的な考え方

　代表的な考え方は6章で紹介した3つのモデルの中の因果モデル（Causal Methods）です。シンクタンクやコンサルティングファームに予測系の業務を依頼すると、因果モデルが使われることも多いです。これは需要に関連する因果関係を前提に、影響要素から予測を行うという考え方です。まずはどんな要素が需要に影響するのかを整理する必要があります。
　例えば訪日外国人に人気のあるカテゴリーの新製品の需要であれば、次のような要素を考えることができます。

・訪日客数
・為替レート
・海外でのそのカテゴリーの人気
・自然災害
・国家間の関係

もちろんこの他にも想定できると思いますが、仮にこれらが特に重要だとして話を進めます。つづいて各要素が需要へどの程度影響するのかを推定します。例えば、訪日客数が1万人増えたらその製品の需要は何個増えるのか、為替レートが1円、円安になったらその製品の需要は何個増えるのかといった数字を推定しなければなりません。

この時、通常はすでに販売されている他の製品の実績から重回帰分析を使って推定します。需要と各要素の間に線形の関係を想定しない場合ももちろんありますが、本書ではそれにはフォーカスしないので、わかりやすい線形の関係を想定した場合で説明していきます。どちらにせよ、予測をしたい新製品に関するデータから影響度を推定するわけではないため、当然、その数字は確かではありません。よって、カテゴリーや価格帯、認知度や情緒的な価値なども類似する製品を分析することが望ましいといえます。

また、実際には要素間の関係性にも注意する必要があります。例えば、先述の訪日客数は別の要素として挙げた自然災害や国家間の関係の影響を受けます。このように、変数間に関係がある場合（独立ではない、といいます）は、単純な足し算の関係性を想定することは避ける方が無難です。このあたりの回帰分析のより詳細をまなびたい方は、統計学の書籍は日本語のものもたくさん発売されているので、それらで調べてみてください。「多重共線性」や「分散の不均一性」、「内生性」などのキーワードをウェブで検索しても、簡単な情報であれば調べることはできます。ただしウェブ検索の場合は、どこに所属している誰が発信した情報かは確認するようにしてください。

そしてもう一つ難しいのが、各要素の未来を予測することです。さきほどの例でいうと、訪日客数がウイルスの影響で突如激減するかもしれませんし、国家間の関係もトップの発言一つで変化することもあり、予測するのは簡単とはいえないでしょう。つまり、因果モデルは次の点で実際の運用では難しいことがあるということです。

・需要に影響が大きい要素を整理する
・条件が類似する既存製品の実績から、重回帰分析によって各要素の影響度を定量的に推定する
・各要素の未来を予測する

以上から、時系列モデルと比較して精度は低い傾向があります。しかし発売前の需要予測であれば、こうした方法で予測するのが一般的となっています。

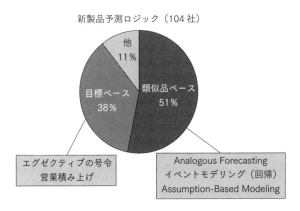

図 8 - 2　企業が採用している新製品需要予測のロジック
出所：筆者調査

8.2　類似品ベースの予測ロジック

　ここで紹介した手法は重回帰分析を使っていますが、あくまでも予測対象以外の既存製品の実績を分析して予測を行うというものです。筆者はこれを類似品ベースの手法と呼んでいます。独自調査の結果では、104社中の約半分の企業がこの手法を使って発売前の需要予測を行っていることがわかりました（**図 8 - 2**）。

　重回帰分析といった統計的なロジックを使わなくても、類似品の過去実績を参考にすることはできます。こういったロジックは海外では、Look-Like 法やAnalogous Forecasting などと呼ばれています。ちなみに残りの半分は目標ベースといって、目指す目標から需要を計算するという考え方であり、これは正確には予測ではありません。

　この類似品ベースの手法にもいくつかの種類があります。マーケティングが重要な消費財の需要予測では、

・古典的なマーケティング理論である 4 P（Product, Promotion, Place, Price）で需要を説明するモデル
・消費者の購買行動を想定したマーケティングファネルに沿って予測するモデル
・顧客の流入元別に予測するモデル

などを比較的よく目にします。しかし正直に申し上げて、完璧に論理的なものはまずありません。というのも、マーケティングの各要素は独立ではありませんし

（互いに影響し合っている）、マーケティングファネルもマスマーケティングの時代とは変わり、消費者の購買行動も単純な一方向ではなくなっているからです。顧客の流入元も、MECE に（モレなくダブりなく）想定するのは難しいという欠点があります。

　以上のように、発売前の需要予測は、分析データの問題や消費者の購買行動の複雑性の問題から、時系列モデルと同様な高精度の予測モデルを構築することが難しい業界が多いのです。実際、筆者が話をした各業界の SCM プロフェッショナルの方々も、ほぼ全員が口を揃えて発売前の需要予測は非常に難しいとおっしゃっていました。そこで筆者が考える現実的な新製品需要予測は、次の 2 点がポイントとなります。

（１）完璧でなくてもある程度の納得感がある予測モデルを関係者で合意し、それに沿って計画を立案しつづける
（２）予測モデルでマーケティングの意思を可視化し、コミュニケーションのアジリティを高める

　本章の最後でまとめますが、新製品の需要予測で最も重要なのはナレッジマネジメントだと考えています。おそらくこれを根気強く継続しなければ、予測精度は向上しないでしょう。そのためには統一的なモデルが必須なのです。

　また、例えば AI を使っても、新製品の予測誤差は 0 にはならないと考えています。よって、入手できる情報の変化を踏まえて、需要予測を更新する**アジリティ（Agility：俊敏性）**が重要になります。そのためには、予測の根拠を可視化することが有効であり、予測モデルの構築はこれも可能にするのです。

　以上から、発売前の需要予測で重要なのは、まずは予測モデルを整備することといえるでしょう。予測モデルの構築については、12章で具体的に解説します。

8.3　バトル型とコワーキング型のコミュニケーション

　予測モデルを構築し、関係者で合意できた後は、それに沿ったコミュニケーションのしくみを設計する必要があります。このコミュニケーションには大きく 2 種類がありますが、SCM 部門とマーケティング部門を例にそれを説明します。

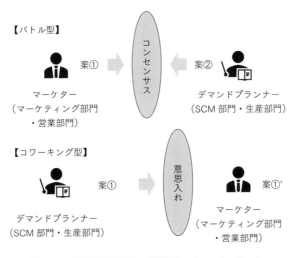

【バトル型】

コンセンサス

マーケター
（マーケティング部門
・営業部門）

案①

案②

デマンドプランナー
（SCM 部門・生産部門）

【コワーキング型】

意思入れ

デマンドプランナー
（SCM 部門・生産部門）

案①

案①'

マーケター
（マーケティング部門
・営業部門）

図 8 - 3　新製品需要予測の 2 種類のコミュニケーション

　一つめは、バトル型のコミュニケーションです（**図 8 - 3**）。バトルといっても敵対的なものではなく、SCM 部門のデマンドプランナーが予測を、マーケティング部門のマーケターが計画を持ってきて、それらを比較検討するというコミュニケーションです。デマンドプランナーは過去データの分析に基づき、できるだけ客観的な予測値を提示します。マーケターは自身が（または自部門が）考えるプロモーションの期待効果を反映した計画値を提示することになるでしょう。もちろん、どちらが正しいということはありません。両者が過去の分析データと未来のプロモーション計画を参考に納得いくまで対話し、合意することが重要になります。

　この時、それぞれが都度、新しい予測モデル（といっても以前に誰かが使ったものであることがほとんどですが）を持ちよると、コミュニケーションのスピードは上がらず、体系的な知見蓄積もできません。結果、予測精度の向上は目指せなくなります。海外の書籍でもこれは「Islands of Analytics」と呼ばれ、最も成熟度の低い需要予測オペレーションとされています（Moon, 2018）。統一的な予測モデルがあることで、コミュニケーションのスピードが高まり、かつ体系的な知見蓄積も可能になるのです。

　そして二つめは、コワーキング型のコミュニケーションです（図 8 - 3）。これは統一的な予測モデルを前提にしています。まず予測値のベースラインを、デマ

```
┌─────────────────────────────────────────┐
│  1．需要予測に必要な情報の収集              │
└─────────────────────────────────────────┘
      自分で調べられるもの、他者へ聴くもの、幅広く

┌─────────────────────────────────────────┐
│  2．質問による戦略、プロモーションの可視化   │
└─────────────────────────────────────────┘
    →デマンドプランナー≠マーケター、客観的視点

┌─────────────────────────────────────────┐
│  3．データ分析による情報の定量評価          │
└─────────────────────────────────────────┘
    必ずしも統計を使うわけではない、論理的思考

┌─────────────────────────────────────────┐
│  4．根拠の整理と関係者への提示              │
└─────────────────────────────────────────┘
      予測モデルが有効、情報整理のスキル
```

図 8-4　需要予測の専門家デマンドプランナーの役割

ンドプランナーが過去データの分析に基づいて提案します。それをマーケターが受け取り、プロモーションを考慮して意思入れするというコミュニケーションです。その後で両者で対話し、予測値を合意することになります。これはそれぞれの得意領域を信頼に基づいて任せ、効率的なオペレーションを目指すものです。

　バトル型と比較し、こちらはデマンドプランナーにより高い需要予測のスキルが求められます。可能な限り多面的な思考で様々な需要データを分析し、ベースラインをマーケターへ提示しなければならないからです。予測モデルが決まっていても、根拠となるデータの種類と分析手法、解釈の仕方や見せ方によって納得感は大きく異なります。ここがデマンドプランナーの腕の見せ所といえるでしょう。

　需要予測や S&OP に携わって20年以上というエキスパートである Bower も筆者と同様の考え方であり、デマンドプランナーの役割は「Clarity（明確化）」だと述べています（Bower, 2012）。具体的には、
・需要予測に必要な情報を幅広く収集する
・マーケティング戦略やプロモーションの詳細を質問によって可視化する
・過去データを分析して集めた情報を定量的に評価する
・根拠の要点を整理して、需要予測を関係者へ提示する
という4つのアクションを行うことです（**図8-4**）。つまり、デマンドプランナーは過去に依拠しつつも、未来における創造性をファシリテートする役割を担っ

ていると述べられています。このためには専門的なデマンドプランナーの組織と統一的な予測モデル、その育成のためのトレーニングプログラムを設計することが必要になるでしょう。

8.4 モデルよりも重要なナレッジマネジメント

　以上のように、新製品の発売前の需要予測は難しく、企業内で統一的な予測モデルを整備する必要があると考えています。この時、モデルの妥当性の追求に時間をかけるのではなく、関係者で合意した後の知見蓄積の方を重視すべきだということも説明しました。予測時点でモデルに沿って根拠を明確に可視化し、実績が確定した後で誤差の分析結果を体系的に蓄積、活用していくことを**ナレッジマネジメント**（Knowledge Management）と呼びます。

　これをしなくてもオペレーションは回るため、意識しないと、予測が大きくはずれて品切れや過剰在庫が問題になった時にしか、ふりかえりの分析は行われないでしょう。さらに統一的な予測モデルがない場合は、全く知見は生まれません。厳しい表現ですが、その時の言い訳や自己弁護のための表面的な分析になってしまいます。そうではなくて、統一的な予測モデルに沿って可視化されている根拠を、一つずつ、様々なデータを探し出して検証していくのです。

　モデルは統一されていても、検証のためのデータまで統一する必要はありません。都度、想像力を発揮して四方八方から予測と実績の乖離を説明するためのデータを探してください。この分析結果を、特定のフォーマットに整理して記録していきます。この時、後で活用しやすいようにフォーマットを工夫しておくことも有効でしょう。

　こうして知見を創造し、蓄積して、必要な時に活用できるように管理しておけば、新製品の需要予測精度向上を目指せるのです。これがナレッジマネジメントであり、経営学でいう**組織学習**（Organizational Learning）です。筆者の調査によると、組織としてナレッジマネジメントを運用できている企業は多くありません。回答企業101社のうち、専用のデータベースを整備できているのは14％でした。継続的なふりかえりを行っていない企業が約半数を占めています（**図8-5**）。

　需要予測のナレッジは個人の暗黙知として蓄積されるだけでは不十分です。チ

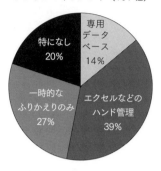

図 8 - 5　ナレッジマネジメントをどのように行っているか
出所：筆者調査

ームのメンバー、さらには未来の後継者へ形式知として継承されていかなければ
なりません。そうでないと、組織として学習できているとはいえず、長期的に高
い需要予測パフォーマンスを維持することができません。つまり組織学習の３つ
のステップである、知の創造、蓄積、移転、それぞれのしくみを設計することが
必要になります（Argote & Miron-Spektor, 2011）。これについては18章で具体的
に説明します。

　需要予測の文脈において、組織学習の３つのステップに必要なしくみは、次の
通りだと筆者は考えています。

（統一的な予測モデルを構築した上で）
需要予測の知の創造……需要データの分析スキルのトレーニングプログラム設計
需要予測の知の蓄積……その後の活用を前提としたナレッジデータベースの設計
　　　　　　　　　　　と管理
需要予測の知の移転……新製品需要予測とナレッジマネジメントのオペレーショ
　　　　　　　　　　　ンマニュアルと更新のしくみ設計

　世界で新製品の需要予測を精度高くできている消費財メーカーは、計画の根拠
を深く掘り下げている、という共通点があるそうです（Bower, 2012; Kahn,
2012）。より具体的には、次の４つのポイントをしくみとして運用できているそ
うです。

（1）システマティックな予測プロセス

　　つまりは予測モデルの活用です。

（2）仮定、根拠の具体化、可視化

　　これがコミュニケーションのスピードアップとナレッジマネジメントにつ
　　ながります。

（3）幅を持った需要予測（Range Forecast）

　　11章でより詳細に述べますが、多面的思考による需要変動の想定です。

（4）データベースの構築と継続的な更新

　　まさにナレッジマネジメントです。

これらはどれも、本章で提唱してきたことであり、新製品の需要予測では、①予
測モデルの設計と、それを使った②ナレッジマネジメントが重要になるというの
が、世界のデマンドプランナーのコンセンサスだといえそうです。

参考文献

Argote, L., & Miron-Spektor, E.（2011）"Organizational learning: From experience to
　　knowledge," *Organization Science*, 22(5), 1123-1137.

Bower, P.（2012）"Forecasting New Products in Consumer Goods," *The Journal of
　　Business Forecasting*, 31(4), 4-7, 9-16, 30.

Kahn, K. B.（2012）*The PDMA handbook of new product development*, John Wiley &
　　Sons.

Moon, M. A.（2018）*Demand and Supply Integration: The Key to World-Class Demand
　　Forecasting, Second Edition*, DEG Press.

第9章

発売直後の需要予測

　新製品の需要予測は発売後、できるだけ早くリバイスする必要があります。これは前章でも紹介した Bower も述べていることであり、一定の需要予測の実務経験を積むと、その必要性を強く実感するものなのだと思います（Bower, 2012）。この理由は、発売前の需要予測はデータやモデルの不確実性から、精度が低い傾向があるからです。発売して２年以上経過した既存製品に対し、予測誤差率（予測と実績の乖離を実績で割ったもの）が数倍以上になることもめずらしくありません。

　Bower（2012）は海外の研究結果を引用し、予測のタイミングはわかりませんが、消費財新製品の誤差率は80％程度と紹介しています。筆者の経験からは、平均ではこの半分〜７割程度という印象ですが、製品によってばらつきは大きく、誤差率が80％になった例もみてきました。

　発売するとその製品の売上が、短い期間ですがわかるので、これを使って需要予測をリバイスすることが有効です。これにはスキルが必要ですが、需要予測のプロフェッショナルであれば、予測誤差率を一気に既存製品と同程度のレベルまで下げることも可能です。

9.1　需要予測のリバイスを妨げるもの

　新製品の需要予測を修正するには、技術的な（スキルの）ハードルに加え、心理的なハードルも存在します。心理的なハードルには、認知バイアスによるものと予算によるものがあります。

　まず、新製品の需要予測は様々なデータを分析し、システムによるサポートも

ほとんどなく、時間をかけて人が行うため、実行コストが比較的高いといえます。それがサンクコストとなり、コストをかけてつくった需要予測を簡単には変えたくないというバイアスがあるのです。サンクコストとは埋没費用などと訳され、それまでにかけてきたコストのことを指します。しかしどんなに時間をかけた分析よりも、需要の実態である売上実績の方が事実です。サンクコストに惑わされない王道の対策は、その時点で一から意思決定をやり直すことですが、新製品の需要予測においても同様だと考えています。

　もう一つの心理的ハードルは、予算です。これは主に需要予測を実績が下回った場合に発生します。デマンドプランナーというより、マーケターや営業担当者が、予算を意識して需要予測をリバイスすることに賛同しづらい傾向があります。なぜなら新製品の需要予測を下げてしまうと、その分の売上を別の製品で稼がなければならなくなるためです。実際には需要予測が正しいことの方が多いので、結局は別のプロモーションを考えることになるため、できるだけ早くそれを検討し始める方が良いでしょう。しかし、

・これから配荷店がさらに増えるはずだ

・プロモーション効果がこれから表れてくるはずだ

・需要のピークシーズンはこれからだ

といった"希望"が提示されることも多く、なかなか需要予測を下げることができない場合が多いのです。

　こういった関係者のミッションを理解しておくことは、ビジネスコミュニケーションの上で大変重要です。強引に需要予測を下げる方向へ誘導するのではなく、あくまでも客観的なデータ分析に基づく、冷静な需要予測のリバイスを提示することがデマンドプランナーの役割となります。その上で、需要予測とミッションを踏まえ、協同で巻き返しのアクションを検討することがあるべきコミュニケーションとなります。

9.2　時間的拡大

　ここからは具体的な発売直後の需要予測の考え方をお伝えしていきます。筆者が携わった化粧品の需要予測では、発売後数日間の売上データ（出荷ではなくPOS）を使って需要予測をリバイスしていましたが、コンビニエンスストアやフ

ァストフードではより短い期間の売上データを使ってリバイスしているそうです。これらは基本的に同じようなロジックで予測しています。

　発売直後では、取得したPOSデータに対して2種類の拡大推計を行うことで、特定の期間（1週間や1ヵ月間、数ヵ月間など）の需要を予測します。メーカーにおいては、店舗での消費者の購買データ（POS）をリアルタイムで完全に把握することは難しいのが現状です。費用をかけ、一部の店舗におけるPOSデータを取得することになります。これを基に、

（1）時間的拡大

（2）空間的拡大

を行います。

　一つめの時間的拡大とは、数日間のPOSデータから例えば1ヵ月間の需要を予測する、ということです。この時、単純に日数倍しても精度は低くなります。なぜなら発売直後はプロモーションや予約などの効果によって、売上が高い傾向があるためです。よって、基本的には売上の勢いは弱まっていきます。時間的拡大とは、この落ち方を予測することともいえるでしょう。そのため、この特定の期間における需要に影響する要素を、消費者の購買行動から考え、それらをデータとして蓄積し、需要の落ち方との関係性を調べることが必要になります。ここでも一般的には、前章で紹介した重回帰分析などが活用されます。そして時間的拡大の精度を向上させるための鍵はナレッジマネジメントになります。実績が確定した後に、予測と実績の乖離の要因を考え、何について考慮することが足りていなかったのか、といった視点で新たなデータを探しに行くことが重要です。

9.3　空間的拡大

　二つめの拡大は、空間的拡大です。こちらは基本的に、時間的拡大よりも容易です。空間的拡大とは、入手できたPOSデータを取り扱い全店に拡大することです。このためには、POSデータを入手できた店舗が、取り扱い全店の中でどの程度の売上構成を占めているかを推定する必要があります。具体的な手法を一つ紹介します。

　発売して数ヵ月以上経過した既存製品であれば、メーカーが把握できる出荷数量とPOSデータはかなり近くなると考えられます。メーカーからの出荷数量と

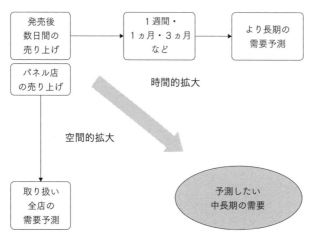

図9-1　2種類の拡大イメージ

POSデータの差は、間に位置する店舗の在庫分です。ということは、発売時は店舗に並べる分が比較的多く、この影響で差が大きくなります。しかし発売から時間が経過すると、店舗の在庫はある水準で落ち着いてきます。この状態からは、店舗で売れた数量が発注されるため、POSデータとメーカーからの出荷数量がほぼ同じになっていくのです。

　よって、メーカーが把握できる出荷数量から、取り扱い全店における、POSデータ入手可能店舗の売上構成比を推定することができます。需要を予測したい新製品についてはまだわからないのですが、例えば同じブランド、同じカテゴリーといった製品であれば、店舗の売上構成比は近い可能性が高いと考えられます。そういった属性が類似する製品の出荷データを分析することで、新製品における、POSデータ入手可能店舗の売上構成比を推定します。

　発売後の数日間で入手できたPOSデータを基に、以上の2種類の拡大を行うことで、ある一定期間における取り扱い全店の需要を予測します（**図9-1**）。より具体的な手順については拙著『需要予測の基本』をご参照ください。

9.4　Agility & Accuracy

　9章は基礎編の最終章となります。需要予測のSCMにおける位置づけからそ

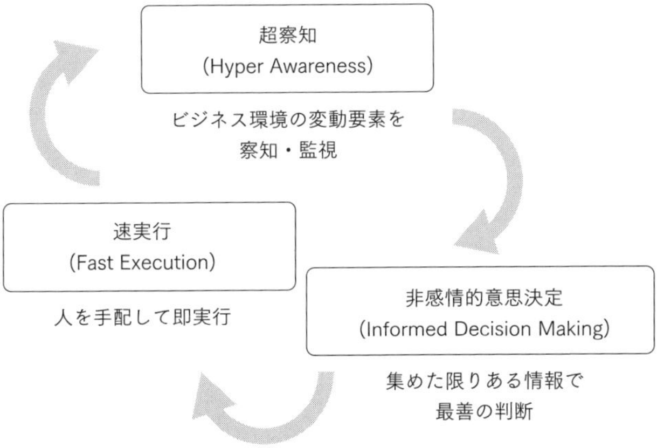

超察知
(Hyper Awareness)

ビジネス環境の変動要素を
察知・監視

速実行
(Fast Execution)

人を手配して即実行

非感情的意思決定
(Informed Decision Making)

集めた限りある情報で
最善の判断

図9-2　アジリティという概念
出所：マイケル・ウェイド IMD 教授の講演を基に筆者作成

の特性、既存製品の予測モデルや新製品の需要予測について、世界でコンセンサスを得ている知見を紹介しつつ、整理しました。需要予測の精度向上にはナレッジマネジメントが重要であることも述べてきました。一方で、需要予測においては精度（Accuracy）と同じくらい、速度（Agility）も重要だと筆者は考えています。

　この速度とは、

・できるだけ早い時点で

・可能な限り速いスピードでデータ分析し

需要予測をリバイスしつづけるという意味です。これを筆者は「需要予測のAgility（アジリティ）」と表現しています。アジリティとは、①環境変化を早期に察知し、②データを基に判断して、③すぐにアクションを実行するという3つのステップをスピーディに回すことだと定義されています（**図9-2**）。新製品を筆頭に、非常に難易度の高い需要予測があり、それは時間をかけてもその分の精度は得られないと感じています。

　この時、精度向上に多大な期待やコストをかけるのではなく、発想を精度から速度に切り替えることで、より低いコストで高い SCM パフォーマンスを目指すことが可能になります。少しでも高い精度の予測に、適宜リバイスすることができれば、品切れや過剰在庫の発生を抑制することができるでしょう。そのために

はもちろん、需要予測だけでなく、SCM におけるその後工程のアジリティも連動して高めなければなりません。これがアジャイル SCM です。

　ここから筆者は、コストをかけるべきは、このアジリティのための IT サポートだと考えています。本書後半の戦略的活用編では、15章でこの具体的な内容についてフォーカスします。ここで伝えたい重要なことは、需要予測においては精度を求め続けるとコストパフォーマンスが低下するため、どこかで発想をアジリティに切り替え、それを向上させる方へ投入リソースを振り分けていくことが有効になるということです。

　この精度と速度（アジリティ）のバランスは、需要予測の実務経験や他社との比較から判断することになるでしょう。なぜならこれは、その企業が扱う製品の需要特性や生産、供給のリードタイム、戦略などによるからです。また、常に一定のバランスで良いわけではなく、ビジネス環境の変化に合わせて変える必要があります。

　例えば2020年の春に拡大した COVID-19の影響下では、市場の不確実性が非常に高くなったため、需要予測では精度よりも速度を重視することが有効になりました。ウイルスの終息や政府の緊急事態宣言を予測するのではなく、それを受け、いかに早く需要予測を更新できるかに注力するということです。渡航禁止で訪日客が激減し、日本人の意識が変化してテレワークが基本となり、緊急事態宣言が発令されて小売店が休業し、緊急事態宣言が延長され、と目まぐるしく状況が変化していきました。これは、大元がウイルスの感染状況ということで、予測不可能です。

　様々なビジネス環境の中で需要予測の経験を積むことが、精度と速度のバランス感覚を研きます。この発想の切り替えを意識することで、変化する環境の中でも、その時々で最高の需要予測パフォーマンスを目指していただければと思います。

参考文献

Bower, P.（2012）"Forecasting New Products in Consumer Goods," *The Journal of Business Forecasting,* 31(4), 4-7,9-16,30.

ウェイド、マイケル、ジェフ・ルークス、ジェイムズ・マコーレー、アンディ・ノロニャ（2017）『対デジタル・ディスラプター戦略—既存企業の戦い方』根来龍之監訳、

武藤陽生／デジタルビジネス・イノベーションセンター（DBIC）訳、日本経済新聞出版社.

山口雄大（2018）『この 1 冊ですべてわかる　需要予測の基本—SCM とマーケティングを劇的に変える』日本実業出版社.

【第２部　戦略的活用編】

第10章

需要予測高度化のための6ファクター

本章からは、ここまでで紹介した需要予測の基礎知識を踏まえ、それをビジネスで最大限に活かすために、どうマネジメントしていけば良いかという視点で需要予測のあり方を提案していきます。まずは、需要予測を高度化するためのフレームワークを紹介します。いくつかの種類が提案されていますが、筆者の予測経験に基づく感覚に合った、Vereecke *et al.*（2018）が提唱している6つの要素を取り上げます。これに沿って、需要予測の高度化を実現するための応用例を紹介していきます。

10.1 需要予測の成熟度診断

2010年頃から様々な日本企業が取り組み始めているS&OP（1章参照）ですが、それが経営的な成果を出せていない要因の一つとして、Vereecke *et al.*（2018）は需要予測の成熟度（Maturity）にフォーカスしています。需要予測は場当たり的に考えて精度が向上するものではありません。短期的には精度は上下するものですが、中長期的にベースラインの精度を上げられるかという視点が重要になります。そのためには、何を改善しなければならないのかを客観的に分析することが必要です。

そこで有効になるのがアカデミックな知見に基づくフレームワークです。Vereecke *et al.*（2018）は需要予測に関する過去の論文をレビューし、需要予測の高度化において重要だと考えられる6つの要素を整理しました。それを評価するための項目に落とし込み、複数の業界のデマンドプランナー（需要予測歴10年程度以上のエキスパート）に意見を聴き、実務の中で活用してもらって、フレーム

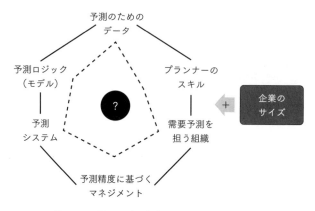

図10 - 1　需要予測の高度化に必要な6ファクター
出所：Vereecke *et al.*（2018）を基に筆者作成

ワークを設計しています。ここで提唱されている要素は次の6つです（**図10 - 1**）。

ⅰ．需要予測のためのデータ：Data
ⅱ．需要予測ロジック（需要予測モデル）：Logic
ⅲ．需要予測システム：System
ⅳ．予測精度に基づくマネジメント：Performance Management
ⅴ．需要予測を担う組織：Organization
ⅵ．デマンドプランナーのスキル：People

　論文ではこれらを33個の小項目に沿って評価することで、各企業の需要予測オペレーションの成熟度を測定し、6つの要素をバランス良く上げていくことで精度向上を目指せるとしています。また、全体的な傾向としては、企業規模が大きいほど、このフレームワークで評価した需要予測の成熟度が高いことが示されています。これら6つの要素について、実務の具体例を使って説明します。

10.2　予測用データとロジック

ⅰ．データ
　まず需要予測のためのデータですが、最も基本的なものは売上の過去データで

す。これに加え、製品の属性に関するデータや市場全体に関するデータ、マーケ
ティングプロモーションのデータや消費者の反応に関するデータなど、需要予測
のために必要なデータは非常に多く存在します。これらを細かく整理し、自由に
抽出できるようにデータが管理されていることが重要です。

　他の項目も同様ですが、ここで自己診断は正確ではない可能性が高いです。な
ぜなら自社では想像できていない、重要なデータがあるかもしれないからです。
フレームワークを使った診断は有効ですが、できればそれは他者によるヒアリン
グで行う方が、より客観的に自社のレベルを測定できると考えています。

　例えば化粧品では、ブランドや価格、カテゴリーといった製品属性は多くの国
でマスターとして管理されています。一方で、製品が持つ機能（例えば「美白」
や「アンチエイジング」など）まで属性の一つとして管理できている企業は世界
でも多くはないようです。しかもそれがメーカーのマーケターが定義したもので
はなく、消費者の評価に基づいた客観的なもので管理できている企業はどれだけ
あるでしょうか？

　市場データを商材として扱う企業では、ある程度こういった定義づけは進んで
いて、これからビジネスで大きな価値を生み出すようになるでしょう。一方でメ
ーカーでは、筆者が様々な業界の企業に聞いた結果から、ここまで細かいデータ
をマスター化している企業は非常に少ないようです。

　例に挙げたような詳細な製品属性は、これまではマスター化しなくてもよかっ
たかもしれません。しかしビッグデータ解析が一般的になってきた今、AIなど
で需要を分析するためには、こういったレベルまで細かくマスター化しておく必
要があるのです。メーカーはデータではなく、基本的にはモノで価値を生み出し
てきたはずであり、データマネジメントはGAFA（Google, Amazon, Facebook,
Apple）などと比較するとかなり遅れていると認識しておいた方が良いでしょ
う。

ii．ロジック（モデル）

　つづいては需要予測のロジックです。言い換えると使っている予測モデルとい
うことになります。基礎編の6、7、8章で紹介したようなモデルを実務で使い
こなせているか、という要素になります。また、これは論文ではなかった視点で
すが、筆者は新製品と既存製品という軸でさらに要素を分解して評価することが

必須だと考えており、8章で述べたような新製品の予測モデルを整備できている
か、といったことでも評価すべきです。

　筆者がたまに見かけるのは、チャネル別や国別に分けて立案するモデルです。
しかしこれでは不十分です。なぜならこれは因果関係を表現しているのではな
く、表面的な分解をしているだけだからです。この分解のあとで、チャネル別、
国別の因果モデルを構築すれば、それが予測モデルです。

　これについては12章の需要予測のセグメンテーションでより詳しく説明しま
す。重要なのは、予測の根拠が可視化されていることです。根拠が、予測の要素
分解と過去や他製品との比較によって可視化できていると、論理的なふりかえり
が可能になり、予測精度向上を目指すことができます。

　既存製品の予測ロジックは、システムを活用していればある程度のレベルのも
のは実装されているので、この後で説明する予測システムの要素とも関連した要
素となります。

10.3　予測システムと予測のマネジメント

ⅲ．システム
　3番目に紹介する要素は需要予測のためのシステムです。システムを導入して
いるか、といったところから、システムがどれだけ実務の精度や生産性を上げら
れているか、といったことまでを評価します。高いレベルで需要予測をオペレー
ションできている企業においては、精度よりも生産性の向上を意図して予測シス
テムを活用しています。

　パッケージシステムに業務を合わせて設計するという視点も重要といわれま
す。しかし需要予測で競合他社と差別化を図りたいのであれば、攻めのIT とし
て多少のカスタマイズは有効です。その一つにもなりますが、予測精度を評価す
る指標を自由な切り口で算出できる機能や、需要変動をアラートとして知らせる
機能などが実装されているか、といった視点での評価も必要になります。

　予測システムを導入したにもかかわらず、担当者の異動などによって、システ
ムが使われなくなる、または本来のメリットを活かせない使われ方をする、とい
った事例もあります。予測システムの導入が目的化するとこういった事態になり
やすいと考えています。予測システムの導入にあたっては、その組織にとっての

意義を明確にし、かつ有効活用をリードできる需要予測のエキスパートの存在が重要となるでしょう。

iv．パフォーマンス管理（マネジメント）

　4番目の要素は予測精度に基づくマネジメントです。予測精度を定義し、それを継続的にモニタリングすることで、予測モデルの妥当性の検証や市場変化の察知をします。予測精度を測る指標には様々なものがあり、それぞれに特徴があるため（詳細は16章参照）、複数を組み合わせて実務で活用できているかが重要になります。それを基に、継続的に予測精度向上を目指したアクションが行われるしくみが設計されているかも評価の対象となります。この後の組織やスキルのところとも関わりますが、予測精度を基にした精度改善アクションをリードできる人物を育成するという視点も重要です。

　また、予測精度の分析を踏まえた在庫戦略の立案は、日本でよく使われている統計安全在庫よりも有効です。なぜならすでに述べた通り、現実の需要や予測誤差のばらつきは正規分布にならないからです。予測誤差はランダムに発生するものではなく、理由があって発生します。よって、予測精度を分析することでその理由を可視化し、在庫戦略に考慮する方が効果的なのです。これについては16章で、戦略在庫という新しい概念を提示します。

　需要予測のパフォーマンスは定量的に評価することが必要であり、それを基にマネジメントすることで、精度向上を目指すことが可能になります。

10.4　予測のための組織とスキル

ｖ．組織

　5番目に挙げられている要素は需要予測を担う組織です。筆者の調査（n＝140）でも約半数の企業が、SCM部門に需要予測機能を設置していますが、海外の書籍や論文でも基本的にはSCM部門やオペレーション部門にあることが前提とされています。この理由は認知バイアスです。需要予測は売上計画や予算の影響を受けやすく、それらがKPIとして設定されている部門が担うと、**ゲームプレイング（Game Playing）**と呼ばれる認知バイアスの一種が発生し（詳細は18章参照）、客観的な需要予測ができなくなるといわれています（Moon, 2018）。

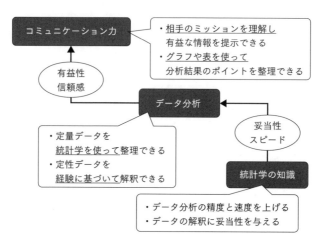

図10-2　デマンドプランナーに必要なスキル

メインで担うべきは他の KPI から独立した組織が望ましいということです。

　同時に、マーケティングや営業部門からのインサイトは非常に重要です。よって、それらの部門においても、程度の差はありますが、予測精度が KPI に設定されることが推奨されています。部門横断で協同できる組織になっていないと、需要予測の高度化を進めるのは難しいでしょう。

vi．人材（スキル）

　最後の要素はデマンドプランナーのスキルです。筆者はいくつかの文献のレビューから、次の3つのスキルが重要だと考えています（**図10-2**）。

①統計学の知識
②データ分析（ビジネス知見）
③コミュニケーション力

①統計学の知識

　「需要予測とはデータ分析である」といっても過言ではないと考えています。デマンドプランナーはできるだけ客観的な根拠を、データ分析によって提示する役割を担います。そのためには統計学が有効であり、実務で使いこなせる必要があります。統計学の知識があれば、データから有益な意味を読み取ることがで

き、またデータで語ることができるようになります。しかしデマンドプランナーは統計学の様々な理論を深く理解するというよりも、それが実装されたツールをビジネスで使えるか、という視点の方が重要です。

②データ分析（ビジネス知見）

　そして統計学を有効に使って、データ分析するスキルも非常に重要です。これは単にロジスティック回帰分析ができる、コンジョイント分析ができる、などといった意味ではありません。ビジネスの課題に対し、

・解決のためには何を明らかにすれば良く
・そのためにはどんなデータを集め
・それをどんな手法で分析すれば良いか

を組み立てられるのがデータ分析スキルです。統計学はこれにスピードと客観性を与える一つの手段という位置づけです。

　このデータ分析が的をはずさないために重要となるのが、その領域のビジネス知見です。ビジネス知見を持たないデータサイエンティストは活躍できないといわれていますが、それは意味のあるデータ分析ができないからです。

③コミュニケーション力

　もう一つ必要となるのがコミュニケーション力です。デマンドプランナーは分析した需要データの解釈や、それを踏まえた需要予測を関係部署に提案するというミッションを持ちます。よって、統計学に詳しくない人にも理解できるように、分析結果をわかりやすく図やフレームワークで整理できるスキルが必要になります。また、大事な意思決定に関わる需要予測を提示する時もあり、特にマーケティング部門からの信頼性が重要です。それはアジャイルな対応、丁寧なコミュニケーション、プロアクティブな提案など、日々のコミュニケーションによってつくられていくものです。

　需要予測の成熟度を測定するための要素の考え方は他にもあり、例えばMoon（2018）は次の4つの次元で整理しています。

・機能的な統合（組織、説明責任、予測と計画の区別など）
・需要予測のアプローチ（予測階層や予測モデル）

・需要予測システム

・パフォーマンスマネジメント

重要なのは、その時々にフォーカスされた要因への対処をくり返すことではありません。客観的な研究知見に基づくフレームワークなどを使って、網羅的に全体を把握し、中長期的にとりくむべき課題を考えることです。それには本章で紹介したフレームワークが一つの有効な手段となるでしょう。

コラム 日本企業のための需要予測診断

　筆者は Vereecke *et al.*（2018）に記載された33項目に、新製品と既存製品という軸を掛け合わせ、またより日本のビジネスに合った視点でブラッシュアップし、コンサルティングファームと共に50項目を設計しました（山口・小野, 2021）。さらに、それらの評価をシステマティックに行うことを目指し、各項目に対して3つのレベルを定義しました。この50項目を3段階で評価していくことで、自社の需要予測の成熟度をレーダーチャートで把握できるようになっています。

　これを一つの企業の中でもブランドや事業で比較したり、国ごとで比較したりすることで、どの組織が何をすれば予測精度が向上するかを客観的かつ効率的に考えることができます。需要予測の高度化にこのフレームワークを活用する具体的な内容については、参考文献に挙げるホワイトペーパー（山口・小野, 2021）をご参照ください。

　ちなみに筆者はある消費財メーカーで、この独自のフレームワークを使って、国ごとの需要予測オペレーションの成熟度を測定し、予測精度との関係性を分析したことがあります。結果、そのメーカーが展開する国においては、成熟度と予測精度の相関係数が0.5を超え、強い相関があるといえました。ここから、このメーカーにおける平均値やベストプラクティスと、各国の成熟度をレーダーチャート化し、それぞれの国がどの要素を重点的に改善していくべきかを示しました。

　他にも、食品、飲料、家電、卸など、様々な業界について診断を行ってい

ます。業界による差はあるものの、測定した成熟度が高い企業は、明らかに予測精度が高い傾向がありました。筆者がファシリテートした業界横断の「需要予測研究会」では、このフレームワークを使った事例共有を行いましたが、成熟度の高い企業のとりくみは非常に参考になるものばかりです。

　フレームワークの活用は業務のスピードと納得感を高めますが、同時に①フレームワークを使って診断するスキル、②フレームワークが示す結果を踏まえたソリューションを提案できるスキルも非常に重要となることがわかり、ここはフレームワークでは対応できないことは認識しておくべきです。

参考文献

Moon, M. A.（2018）*Demand and Supply Integration: The Key to World-Class Demand Forecasting, Second Edition,* DEG Press.

Vereecke, A., Vanderheyden, K., Baecke, P., & Van Steendam, T.（2018）"Mind the gap–Assessing maturity of demand planning, a cornerstone of S&OP," *International Journal of Operations & Production Management,* 38(8), 1618-1639.

山口雄大・小野考倫（2021）「サプライチェーンの環境変化とこれからの需要予測」https://ycpsolidiance.com/ja/white-paper/ai-demand-planning（2021-2-5参照）.

第11章

需要予測のためのデータマネジメント

　ここからは前章で紹介した、需要予測の成熟度を測定する6つの要素について、需要予測を高度化するという視点で掘り下げていきたいと思います。より具体的に、実務では何を考え、どんなアクションをしていくべきかを提案します。最初は需要予測のためのデータです。

11.1　ビッグデータだけでは足りない

　需要予測のためのデータは今、一つの変革期にあると思います。なぜなら AIのビジネス活用がいよいよ本格化し始めているからです。もちろん、データをビジネスにしてきた企業や、話題づくりのための AI はもうだいぶ前からメディアで脚光を浴びてきました。しかしそうではない企業、例えばモノの価値でビジネスをしてきたメーカーにおいても、AI の活用が様々なビジネス領域で実用段階に入り始めています。そこで本章では、AI 活用を一つの例として、需要予測のためのデータマネジメントの重要性を説明します。

　需要予測は、比較的早期から AI 活用のテーマの一つとされてきました。筆者は職業柄、積極的にセミナーや SIer、AI ベンチャーから需要予測 AI の情報を集めましたが、すぐに高い精度で実務に活用することは難しいと判断しました。

　実際、筆者がとりくんだ新製品の発売前時点における需要予測への AI 活用で、従来手法を超える予測精度を出せるようになったのは、とりくみ開始から1年以上経ってからでした。それは AI に原因があるのではなく、ユーザー企業側のデータの質と量が不足していたからです。

　ここでいうデータの質とは、データの種類と言い換えることができ、需要予測

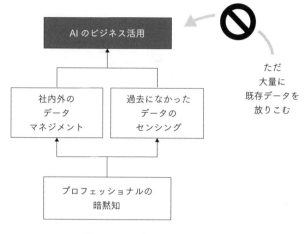

図11 - 1　予測 AI のビジネス活用

に必要だと考えられる様々なデータのことを指します。具体的には、製品属性や売上、在庫実績だけでなく、過去に行われたマーケティングプロモーションに関する情報や、当時の外部環境に関する情報などのことです。また、データの量とは、予測の対象となる製品の数や、各種データの蓄積期間などのことです。これらの不足と短期的な収集の難しさは、AI ツールを売り込む側の企業においても共通認識があるようです。

　筆者は2017年以降、いくつかの AI を需要予測に活用する案件に関わりました。そこでわかったことは、AI は人を排除するものではない、ということです。需要予測においてはむしろ逆で、デマンドプランナーの育成を戦略的に進めなければなりません。また、これまでマーケティング視点や財務・会計視点で整備してきた ERP マスターデータの質的な不足を、需要予測視点で補うデータマネジメントのしくみを設計しなければ、AI を実務で有効活用することはできないでしょう。

　AI をビジネスで有効活用するためには、学習データをその領域のビジネスプロフェッショナルがつくらなければならないからです。また、根拠が統計学ほど明確でない AI 予測の結果を、知見に基づいて解釈できなければなりません。適当なマクロデータや売上データ、製品属性データなどを数百種類などと大量に用意しても、AI は精度の高い需要予測はできなかったのです（**図11 - 1**）。

11.2 過去からまなぶ AI vs 過去を越えるマーケティング

　AI は過去に起こった出来事から法則（パターン）をまなび、そこから未来を予測します。つまり、基本的には過去に起こっていないことは予測できません。例えば需要予測では SNS における BUZZ の発生は予測できません。

　一方で多くの需要予測で重要なマーケティングは、新しい価値を創造したり、新しい価値伝達の方法を模索したりします。つまり、過去を越えていくという発想が重要になるため、本質的には AI で予測できるものではないと考えています。需要予測は AI を使うかどうかにかかわらず、極論すれば過去データの分析であり、その意味では根本的に、マーケティングとは相いれないものであると筆者は考えています。しかし現実には、過去にないマーケティングはなかなか見られず、そのインパクトはある程度予測することが可能です。しかしこの時、マーケティングに関するデータが次の「3 つの C」をおさえて体系的に蓄積されていなければ、AI はその効果を正しく学習することはできません。

　◆データマネジメントの 3 C
（1）網羅性：Coverage
　　　例えば一部のカテゴリーやブランドだけ調査したデータは、AI の学習データとしては不十分です。あらゆるカテゴリーやブランドを横断したデータでなければ、特定のカテゴリーやブランドが持つ独自の特徴を学習することができないためです。
（2）一貫性：Consistency
　　　データの測定方法が異なったり、調査対象が異なったりしているデータは、AI の学習をミスリードする可能性が高いといえます。これは測定方法や調査対象の変化をデータの傾向の変化と学習してしまうためです。
（3）継続性：Continuity
　　　PoC（Proof of Concept）時など、一時的に費用や時間をかけてデータを収集できても、その後も少ないコストで収集できるようにならなければ、AI の学習データとしては適しません。変化するビジネス環境の中で AI を継続的に有効活用するためには、学習データは半永久的に取得しつづける必要があるからです。

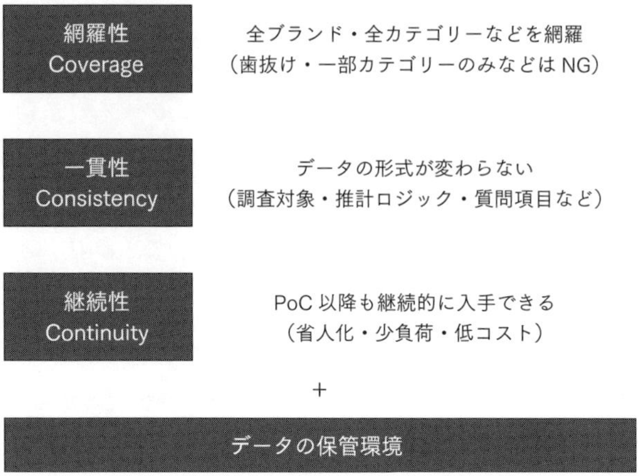

網羅性 Coverage	全ブランド・全カテゴリーなどを網羅 （歯抜け・一部カテゴリーのみなどは NG）
一貫性 Consistency	データの形式が変わらない （調査対象・推計ロジック・質問項目など）
継続性 Continuity	PoC 以降も継続的に入手できる （省人化・少負荷・低コスト）

+

| データの保管環境 |

図11 - 2　予測 AI 学習用データマネジメントの3C

　例えば売上データは財務・会計上の必要性も高く、上記３つの条件を満たして長年蓄積されていることも多いと思います。製品の属性（カテゴリーや価格、処方・設計など）もマーケティング上の必要性から、同様に体系的に蓄積されているでしょう。しかしマーケティングプロモーションに関する、例えばコンセプト調査の結果や、消費者からみた製品の価値、競合ブランドとの比較の上での相対的な価格などは、需要予測では重要であるものの、上記３条件を満たして蓄積できている企業は少ないという印象です。

　従来のデマンドプランナーは、これを経験で補い、それなりの精度で需要予測を行ってきました。しかし AI の活用に限らず、人の育成という観点からも、この継承方法に限界がきていることは明らかだと思います。つまり、需要予測のデータマネジメントのあり方を考え直さなければならない時が来ているのです。

　マーケティングでは新しい価値を創造し、提供するために、アイデアが考え出されていきます。需要予測は基本的にそれを追っていくことになるため、先述のデータマネジメントの３C を踏まえ、早期にデータ蓄積を開始しなければなりません（**図11 - 2**）。

11.3　見直されるプロフェッショナルの暗黙知

　データの観点から需要予測の精度を向上させるには、大きく次の2つのステップがあると考えています。

（1）現時点で企業内に散在しているデータを統合データベースに体系的に整理する。また、それらを継続的に蓄積するしくみを設計する。
（2）現時点で管理できていない外部のデータや、需要に影響する可能性の高いデータを新たにセンシング、エンジニアリングする。

　一つめは、主にマーケティングプロモーションに関するものになるでしょう。多くの企業で、プロモーションに使用した販売促進ツールの内容や使用数、広告のモデルや消費者からの製品評価などが、製品属性と紐づけられて一元管理されていません。それぞれが製造元への発注データであったり、広告代理店からの報告レポートであったりと、散在しているはずです。まずはこれらを、担当者が変わっても過去を遡って調べられるように、統合データベースで管理することが重要です。
　二つめは、
①気温やその時々の大きなイベント（オリンピックや消費増税など）といった社外のマクロ情報を、プロモーションと紐づけて管理すること
②現時点ではデータとして取得できていないものの、需要への影響が大きいと考えられる情報をセンシングし始めること
です。さらに既存のデータを掛け合わせ、需要の原因、背景である消費者の心理や購買行動を表現するデータをつくることが重要です。これは特徴量エンジニアリングと呼ばれます。①はウェブ上に情報が残っていることが多く、後でも調べることは可能です。ただし、大まかには何があったかはプロモーションと紐づけて企業内に蓄積しておく方が備忘になるでしょう。
　そしてこれから重要になるのが②です。このオペレーションをいかに早く整備できるかが、AIを含む、ビッグデータ解析ツールを有効活用するポイントになると考えています。代表的な例としては、消費者視点での製品評価や販売員視点でのマーケティング評価などが挙げられます。定性情報を中心に、従来のアンケ

ート調査などではなく、いかに自然に、少ない負荷でこういった情報をデータとしてセンシングできるかが勝負になると予想します。

　また、特徴量エンジニアリングにはその領域の専門的な知見が必須です。それを踏まえないと、有効なAI学習データをつくり出すことはできません。これを的確に想像できるのはデータサイエンティストではありません。そのビジネス領域のプロフェッショナルです。中長期的には、新しいデータセンシングと特徴量エンジニアリングの具体的なアイデアを出せるように、デマンドプランナーを育成していくしくみが必要になると考えています。

11.4　多面的需要予測の意義

　ここまで、データマネジメントの意義を、AI活用を一つの例としてお伝えしました。しかしこれは単に、従来の予測手法を新しい技術に置き換えて需要予測を高度化するということではありません。需要予測用のデータをマネジメントすることで、予測ロジックは従来のままでも、分析のためのデータが増え、予測精度向上を目指せます。また、予測知見の継承という観点からも、データマネジメントによって予測精度の維持、向上につながる可能性が高いといえます。

　さらに体系的なデータベースを整備しておけば、新しい技術を活用した需要予測をスムーズに導入することができ、それによって複数の需要予測を行うことができるようになります。筆者はこれが需要予測におけるデータマネジメントの最大の意義だと考えています。複数の予測値が出せるということは、**"幅を持った"需要予測**（Range Forecast）が可能になるということです。需要の上限値と下限値を想定できるようになるともいえます。

　この幅は需要の変動可能性を可視化したものと捉えることができ、これを踏まえた在庫戦略や供給戦略を立案することが可能になります。詳しくは16章で述べますが、複数のロジックによる需要予測によって、変動が全く想定できないという需要の「不確実性」を、変動の幅はある程度想定できるという「リスク」に変換することができるのです。

　このように、需要予測では多面的に考えることが有効であり、それは特に需要の不確実性が高い、新製品で実感することができるでしょう。多面的な需要予測を行うためには、スピーディーに新しい予測ロジックを試せなければなりませ

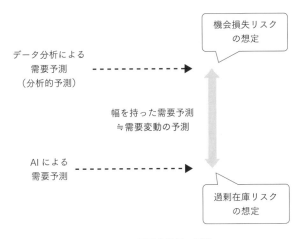

図11 - 3　需要変動幅の予測

ん。これを可能にするのが、体系的に蓄積された十分な質と量のデータであり、つまりは需要予測のためのデータマネジメントという発想です。

　需要予測のためにデータをマネジメントできている企業は多くありません。これはその目的が曖昧だったからだと考えています。データマネジメントによって、新しい予測ロジックのスムーズな導入、それを併用した多面的思考、そして幅を持った需要予測を可能にしていくことで、より戦略的な SCM の実現を目指します（**図11 - 3**）。

コラム　AI 予測値を解釈するプロフェッショナル

　筆者は高価格帯の化粧品において、従来の手法を上回る需要予測 AI の開発に成功しました（DataRobot, 2020）。これは需要予測の中でも特に難しいといわれる、新製品の発売前時点を対象としたものです。過去データのある既存製品の需要予測は、歴史の長い時系列モデルで比較的精度高く行うことができていたため、精度改善の余地が大きい新製品にチャレンジしました。このとりくみで成果を上げることができた理由は、本章で述べた 2 つのポイント、

（ 1 ）AI 需要予測のためのデータマネジメントを組織的に推進できたことと

（2）新しいデータのセンシング、エンジニアリングをスキルの高いデマンドプランナーが主導できたこと

です。

SCM 部門やマーケティング部門が持つデータだけでなく、市場の情報を収集する部門や小売店のリテールプロモーションを管轄する部門、さらには研究所が持つデータなども幅広く収集しました。それらをエンジニアリングすることで、需要予測 AI の学習データをつくったのです。これが一つのブレイクスルーになりました。

　さらに、根拠がわからない AI の予測値をビジネスで活用するには、一つ工夫が必要であることがわかりました。それは、予測値の解釈です。需要予測を基に、マーケティングや生産、原材料調達など、様々な機能が動くため、根拠の説明は重要です。そこで、デマンドプランナーが AI による予測値を解釈し、関係者へわかりやすく伝えるオペレーションを構築する必要が出てきました。需要予測 AI をビジネスで活用するためには、その開発だけでは十分ではありません。同時に継続的なデータマネジメントや AI 予測値解釈のオペレーション、それらを担うデマンドプランナーの育成といったしくみの設計も必要だということをまなびました。このとりくみは動画として無料配信されていますので、需要予測 AI のビジネス活用を検討されている方はぜひご視聴ください。

　QR コード：講演動画「新製品の需要予測におけるプロフェッショナルと AI の協同」

https://www.datarobot.com/jp/recordings/ai-experience-japan-dec-2020-on-demand/user-case-study-day2-shiseido-ai-in-forecasting-demand-for-new-products/

DataRobot 社主催 AI Experience2020

ちなみにグーグルの研究者らも、異なる切り口から同様の知見を発表しています（D'Amour *et al.*, 2020）。彼らは医学における画像解析や自然言語処理へのAI活用の事例分析から、単に大量のデータを学習しただけのAIは、実際には精度が不安定で使いづらいことを指摘しています。重要なのは、彼らもビジネスのプロフェッショナルの知見を使って、AIを徹底的にテストする必要性を主張していることです。これは筆者の主張と整合的であり、AIの実務活用にはビジネスプロフェッショナルの知見が必要だといえるでしょう。

参考文献

D'Amour A., Heller, K., Moldovan, D., Adlam, B., Alipanahi, B., Beutel, A., Chen, C., Deaton, J., Eisenstein, J., Hoffman, Matthew. D., Hormozdiari, F., Houlsby, N., Hou, S., Jerfel, G., Karthikesalingam, A., Lucic, M., Ma, Y., McLean, C., Mincu, D., Mitani, A., Montanari, A., Nado, Z., Natarajan, V., Nielson, C., Osborne, T. F., Raman, R., Ramasamy, K., Sayres, R., Schrouff, J., Seneviratne, M., Sequeira, S., Suresh, H., Veitch, V., Vladymyrov, M., Wang, X., Webster, K., Yadlowsky, S., Yun, T., Zhai, X., Sculley, D. (2020) "Underspecification Presents Challenges for Credibility in Modern Machine Learning," arXiv:2011.03395v2, https://arxiv.org/abs/2011.03395v1（2021-5-10参照）.

第12章

アナリティクス予測の実践

　12章から14章では予測モデルの実践的な活用について述べます。基礎編の６、７章では既製のシステムに実装されていることが多い、指数平滑法やARIMAモデルなどの考え方について概説しました。しかし、ビジネスにおける需要予測は、それだけで十分な精度が期待できるほど甘くないです。特に新製品や、プロモーションの対象となる主力製品は、過去データだけで予測するのは無理があるといえるでしょう。つまり、ビジネスで重要な製品ほど、未来に関する要素を人が加味する必要があるのです。

　ただし人が加味、判断するからといって、勘で行うわけではありません。様々な情報を分析して予測をします。ここでいう分析は必ずしも定量的なものに限りません。少数の意見や曖昧な情報なども総合的に解釈するといった思考も含みます。筆者はこれをアナリティクス予測（Analytics Forecasting：分析的予測）と呼んでいます。定量的な分析として代表的なものに、８章で紹介した重回帰分析があります。

12.1　予測モデルによるシナリオ分析

　外部環境の大きな変化が起こる可能性が低く、マーケティングの大幅な変更も行われにくい短期の需要予測は、時系列モデルを使えば比較的高い精度で行うことができます。時系列モデルは数学的に過去を引き延ばすからです。

　一方で、半年や１年以上先までといった中長期の需要予測では、内外環境の変化が起こる可能性が上がり、過去の引き延ばしによる予測では高い精度は期待できません。そうした中長期の需要予測では、新製品同様、因果関係を想定した予

測モデル（因果モデル）を構築し、シナリオ分析を行うことが有効になります。

　ここで、発売前時点ではなく、蓄積された過去実績を時系列データとして活用する場合は少し注意が必要です。因果モデルの構築でつかわれる回帰分析は、予測対象（被説明変数と呼ばれ、ここでは需要のこと）が過去の状態（実績）と独立であることを前提にしています。しかし需要には一般に季節性やトレンドがあり、過去実績と無関係ではありません。そこで、過去実績のある既存製品の需要予測に因果モデルを活用する際は、季節性を表現する要素を説明変数として考慮する必要があります。

　具体的には、日焼け止めであれば夏に売れるので「夏フラグ」をつけたり、様々な商材の需要が増加する年末商戦を踏まえ、「クリスマスフラグ」をつけたりといった具合です。このように季節性を表現する変数をつくれば、時系列データに対しても回帰分析を行うことができるようになります。

　予測モデルとは、需要に影響する要素とその関係性を数式で整理したものです。その要素の未来の条件を想定することで、需要のシミュレーションを行うことができます。例えば為替レートやウイルスの拡散状況、気象などを中長期にわたって正確に予測することは難しいです。こういった条件はシナリオとして複数想定し、需要をシミュレートすることが現実的になります。

　この時、各条件がどの程度、需要に影響するかは、データ分析によって推定しておく必要があります。これにより、人が条件を設定すれば、その場合の需要が算出されることになります。この影響度の推定に統計学がよく活用されます。最近ではAIの一種である機械学習なども使われます。ここで重要なのは、統計学や機械学習で推定できるのはあくまでも過去の条件下における影響度であって、必ずしもそれが未来でも有効であるかはわからないということです。これについては次章で興味深い研究を紹介します。

　予測モデルを構築する一つの目的は、シナリオ分析をファシリテートすることといえます。中長期の需要予測は、マーケティングや営業、SCM、経営管理部門のコンセンサスを得て、原材料の調達や生産設備への投資の意思決定に使われます。このコンセンサスを効率的に行うためにはシナリオ分析が有効であり、予測モデルがそれを可能にするということです。需要予測を担うデマンドプランナーの重要な役割の一つが、この予測モデルを使ったコンセンサス形成のファシリテートになります（**図12-1**）。

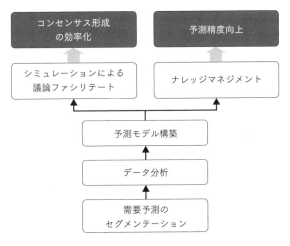

図12 - 1　予測モデルをつくる目的

　筆者もデマンドプランナーとして、様々な予測モデルを構築してきました。一部を紹介すると、訪日外国人によるインバウンド需要予測や、需要の季節性が大きいデオドラントや日焼け止めの需要予測、製品開発時における価格決定のための需要予測や、COVID-19の影響からの需要回復などが挙げられます。

12.2　需要予測のセグメンテーション

　こうしたシナリオ分析用の予測モデルを構築するために、まずは需要予測のセグメンテーションを行う必要があります。5章で需要予測の一般的な知識として説明しましたが、需要予測は需要への影響要素の違いによってセグメント分けすることが有効になります。

　セグメンテーションというと、販売チャネルやアカウント（販売系列）などが思い浮かびやすいかもしれません。しかし、業界によっては、これらは需要予測のセグメンテーションには向かない可能性があります。例えば、ドラッグストアとコンビニエンスストアといった販売チャネルにおいて、需要に影響する要素は大きく異なるでしょうか。また、あるドラッグストアの系列Ａと別の系列Ｂでは、需要に影響する要素は異なるでしょうか。それよりも、例えば日本人と外国人旅行客というセグメンテーションであれば、明らかに需要への影響要素は異な

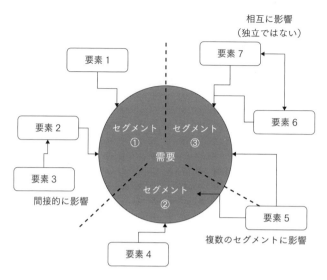

図12 - 2　需要予測のセグメンテーション

ると思います。

　日本市場において、為替レートは日本人消費者にはほとんど影響がないでしょ
うし、逆に国内で販売されている雑誌への宣伝投入は、海外に住む外国人にはほ
ぼ影響がないと考えられます。つまり、需要への影響要素が異なるため、別の予
測モデルを構築する必要があるということになります（**図12 - 2**）。

　これが販売チャネル別やアカウント別の予測モデルだった場合、テレビ CM
は全販売チャネル、全アカウントにおける需要に影響するでしょう。そうであれ
ば、需要はまとめて予測する方が、統計的には高い精度を期待することができま
す。

　もちろん国によっては、アカウントごとに顧客属性が大きく異なり、購買心理
や行動が異なるため、需要への影響要素が大きく異なるということもあるでしょ
う。その場合は、アカウント別の予測モデルが有効になります。販売チャネルも
同様です。実際、筆者もある製品の需要予測において、特定のアカウントが他と
は明らかに異なる販売方法を採用した際は、そこだけ別の予測モデルを構築して
対応した経験があります。

　一部の市場調査会社やコンサルティングファームが使うモデルにトライアルリ
ピートモデルというものがあります。これは製品の購入者を、

（1）はじめてそのブランドや製品を買う新規顧客

（2）2回目以降のリピーター

にセグメンテーションし、それぞれの需要を予測するという考え方です。このモデルはたいていコンセプトテストやユーステストとセットになっていて、その調査結果を使って、2種類の顧客層の需要を予測します。新規顧客とリピーターでは、需要に影響する要素が異なる可能性があり、その点では有効なセグメンテーションといえるでしょう。ただ、この場合でも他のセグメンテーションと同様に、各要素がどの程度、需要に影響を与えるかは、過去のデータを分析し、知見を蓄積しないと想定することはできません。

　重要なのは、販売チャネルやアカウント、顧客属性、ブランドなど、特定のセグメンテーションに固執するのではなく、都度、需要への影響要素を考え、その差が明確になる区分でセグメンテーションすべきだということです。ただし、需要への影響要素が異なるということは、マーケティングの有効性が異なるということでもあります。よって、それに合わせて組織が分かれている場合も多いといえます。というのも、それぞれに特化したマーケティングを行う方が効率的だからです。

　例えば、販売チャネルごとに顧客が明確に分かれ、購買心理や行動が大きく異なるのであれば、別々にマーケティングすることが有効であり、組織も別々にするということです。しかし、みなさん自身のことをふり返っていただければわかる通り、今は一人が様々な販売チャネルを利用する方が一般的であり、それによって顧客が明確に分かれているとは感じづらいでしょう。

　ちなみに想定する要素の種類は、1つの製品に対し、多くても7つ程度になることが多いです。データを集めたり、要素間の関係性を整理したりすることを考慮すると、需要への影響が大きい、重要なものにしぼりこむことが現実的となります。7、11章で述べましたが、これが人による分析ではなく、機械学習を使うのであれば、もっと多くの要素を考えるべきでしょう。しかし必ずしも、要素を多くすれば予測精度が高くなるわけではありません。良い予測モデルとは、少ない要素（説明変数）で、精度と納得度を高く予測できるもののことです。

12.3 予測モデルのつくりかた

　需要予測のセグメンテーションを決めた後は、それぞれのセグメンテーションにおける予測モデルを構築します。そのためには、各セグメントの需要に影響する要素を整理する必要があります。これを説明変数と呼びます。

　例えば予測の対象を日焼け止めとし、セグメンテーションを日本人と訪日外国人といった顧客属性にするとします。この時、日本人の日焼け止め需要に大きく影響するのは、例えば国内の気温とメディアプロモーション、小売店における販売促進、製品の機能、価格などと考えることができます。過去の需要（売上数）とこれらの説明変数の関係を統計的に分析することで、それぞれの影響度を推定することができます。実際には

・データ量の問題

・気温ではなく晴れの日の数の方が妥当ではないかといった説明変数の問題

・説明変数間の相関の問題（多重共線性）

などもあり、一筋縄にはいかないことが多いです。そのため、統計分析にこだわらず、人が影響度を判断することも十分に有効です。ただしこれには、8章で述べたナレッジマネジメントが必要になります。

　一方で訪日外国人の需要には、訪日外国人数や為替レート、訪日外国人における人気などが影響していると考えることができます。これらの影響度も、同様に統計分析や人による判断で推定することが可能です。

　これらの関係性を数式で整理すると、予測モデルが完成します。これはできるだけシンプルな方がよいですが、ただ足し算だけで表現するのはおすすめしません。というのも、例えばマーケティングは、メディアプロモーションと小売店における販売促進の程度には相関がある場合が多く、相乗効果があるからです。この場合、足し算ではなく掛け算の方がモデルとしての表現では妥当です。

　同様に、為替レートと訪日外国人数も無関係（独立）とはいえないかもしれません。この説明変数の関係性は、予測対象の顧客の購買心理や行動に詳しいプロフェッショナルが、論理的に考えて設計する必要があります（**図12-3**）。

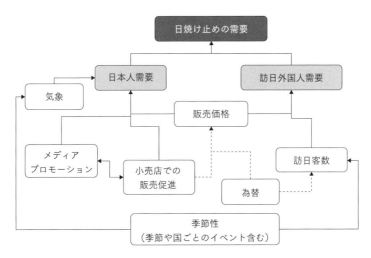

図12 - 3　予測モデルのイメージ

12.4　コンセンサス予測

　残念ながら、予測モデルをつくれば必ず予測精度が上がるわけではありません。なぜなら、次のような可能性があるからです。

・想定した要素に過不足がある
・各要素の需要への影響度が過去と未来で異なる
・各要素の未来が正しく予測できない

予測対象の市場や顧客に精通したプロフェッショナルの知見に基づけば、一つめはあまり気にしなくても大丈夫でしょう。また二つめも、成熟した日本市場であれば、可能性は高くはないと思います。しかし、三つめは重要です。今回挙げた例でいえば、1年後の気温や訪日客数、為替レートを精度高く予測することは難しいといえます。そこで、これらをシナリオとして分析することが有効になります。

　具体的には、猛暑シナリオや円高シナリオといったものが考えられます。これを、需要予測を担うデマンドプランナーだけでなく、マーケターや営業部門を管轄する担当者などもまじえて議論します。これを**コンセンサス予測**（Consensus Forecasting）といいます。予測モデルがあれば、シナリオに合わせた数字をインプットするだけで、需要が算出されます。つまり、議論をしながら次々と需要予測を確認できるのです。不確実な条件については、こうした予測モデルを使ったシミュレーションが有効になります。

　そのため、予測モデルはシナリオ分析を想定し、どの要素に関する条件についてシミュレーションできるようにしておくのかを整理してつくる必要があります。また、条件を決めた時に算出される予測値の根拠を、わかりやすく説明できなければなりません。過去のこの期間のデータを使って影響度を推定しています、といった具体的な根拠の説明です。議論の中で、より参考にすべきデータが挙がるかもしれません。その際は柔軟に、予測モデルを更新することも想定しておくべきでしょう。

　以上のように、いくつかのシナリオについて関係者で議論したうえで、予測というよりは売上計画を合意します。この時、別のシナリオにおける需要も予測できているため、需要の変動幅も想定でき、これを踏まえた在庫計画や原材料の調達計画といったSCM戦略を検討します。これは11章で説明した多面的需要予測の一つです。

　本章では、データ分析に基づくアナリティクス予測の実際について紹介しました。アナリティクス予測といっても、単に統計的な分析だけに基づくのではなく、一部には人の判断が必要になることを理解いただけたと思います。これが、ビジネスにおける需要予測の本質です。ここで紹介したようなアナリティクス予測は、ある程度の過去データがないと行うことができない、という欠点があります。
・大きな市場変化が起こった直後
・これまでとは異なる顧客をメインターゲットとする場合
・新たな市場に進出する場合
・過去に行ったことのないマーケティングプロモーションを予定している場合
などは、需要への影響度推定の信頼性が低くなります。そこで、より人の判断を重視する予測モデルを併用することが有効になります。たくさんの情報を基に判断するのではなく、過去の経験や少数の重要な情報を活用するという意味で、直感ともいえる予測モデルを、13章と14章で紹介します。

コラム　2次のカオス系としての需要予測

　需要予測のコミュニケーションで留意すべきことがあります。それはビジネスにおける需要予測は2次のカオス系という側面があるということです。カオス系を簡単に説明すると、その中に多様な要素が存在し、その相互作用が非常に複雑になっている環境、事象のことです。需要には自社のマーケティングプロモーションだけでなく、消費者の心理、社会的なムード、競合のアクション、国家間の関係性、気象や自然災害など、数えきれないほど多くの要素が影響し、かつそれらも複雑に、相互に影響し合っています。

　またカオスは、予測をすることが結果に影響しない系を1次、影響する系は2次と分類されています（ハラリ, 2016, p.47）。例えば天気は、予報士が予測しても変わりません。気象に関する様々な情報をセンシングし、解析するほど、予測精度は高くなっていきます。一方で渋滞は、予測を踏まえ、人は行き先や出発時間を変更するため、予測によって結果が影響を受けます。つまり、情報の量を増やしても、予測精度が高くなるとはいえません。

　ビジネスにおける需要予測は、企業内で共有されることによって、目標としての側面を持つことになります。ある新製品の需要予測が高ければ、営業部門はそれを目指すため、新たな施策を考えることになるでしょう。これにより、何もしなかった場合と比べて売上が上がる可能性が高くなります。つまり、需要予測によって人の行動が変わり、売上が変わる可能性があるのです。

　これを踏まえると、AIなどの高度な技術によって従来よりも精度の高い需要予測が提示できるようになったからといって、それをそのまま関係者へ提示するかは、よく考えなければなりません。予測値によって人の意識、行動が変わる可能性を踏まえ、目標としての側面があることも考慮して、需要予測を提示することが重要になるでしょう。

参考文献

ハラリ、ユヴァル・ノア（2016）『サピエンス全史　下—文明の構造と人類の幸福』柴田裕之訳、河出書房新社.

第13章

ヒューリスティクス予測

　つづいて13章では、需要予測のロジックについて、少し変わった角度から新しい予測モデルを紹介します。前章で例を挙げたアナリティクス予測に対し、データ分析をほとんど用いないロジックを**ヒューリスティクス予測**（Heuristics Forecasting）と呼び、本章でフォーカスします。これは6章でも8章でも少し登場した、判断的予測の一つに分類できるでしょう。そして不確実性が増すこれからのビジネス環境において、実は判断的予測がより重要になってくると筆者は予想しています。

13.1　2種類の思考プロセス

　ヒューリスティクス予測を理解するために、まずは人の思考プロセスを知る必要があります。人の思考プロセスについては、世界で多くの研究が行われてきました。そして多くの研究者がそれを次の2種類に分類して整理しています（Hodgkinson & Sadler-Smith, 2018）。

（1）直感的思考プロセス（Nonconscious）
　　　反射的な思考であり、負荷が少なくスピードは速いものの、正確ではない可能性が高いもの
（2）分析的思考プロセス（Conscious）
　　　熟考するものであり、負荷が多くスピードは遅いが、精度は高い傾向がある

表現の仕方は研究者によって微妙に異なっているものの、それぞれの特徴は似通っています。これは神経科学の領域の研究でも実証されています（Lieberman, 2007）。人はたいていの場合、直感的思考プロセスが先に働き、判断や意思決定を行うと考えられています。その後でより深く考える分析的思考プロセスが働き、前の直感的思考プロセスによる結果を置き換えるべきだといわれてきました。しかし実際は直感的思考プロセスの結果にかなり影響を受けるということも実証されていて、人は冷静な思考が難しいとされています。

　この直感的思考の一つがヒューリスティクス（Heuristics；Tversky & Kahneman, 1974）です。Hafenbrädl *et al.*（2016）が整理したヒューリスティクスの特徴は次の4つです。

（1）Availability：方法が簡便であり、比較的だれでもすぐに活用することができる
（2）Speed：複雑な思考や計算を必要としない場合が多く、スピードが速い
（3）Transparency：考え方がシンプルであることが多く、透明性が高い
（4）Cost：高度なシステムは高価である傾向があるが、それと比較して金額的なコストが低い

　ヒューリスティクスとはこのようなメリットを持つ簡易的な思考法のことであり、常識もその一つといわれることがあります。常識が文化的背景によって異なる通り、ヒューリスティクスは使う人のバックグラウンドによって影響を受けることが、提唱当時から指摘されていました。それは思考のクセともいえる「**認知バイアス（Cognitive Bias）**」と呼ばれます。これまではそれによる意思決定のミスリードといった、ヒューリスティクスのマイナス面が研究されてきました。

　ちなみに本書では3つの文脈でバイアスという言葉が登場します。人の思考における（認知）バイアスと、この後紹介する予測モデルの不正確性を表す（モデル）バイアス、さらに予測精度の指標の一つとして登場する（予測値の）バイアスです。定義はそれぞれ異なるものの、そのどれもが主体の特性に基づく偏りのことを指しており、本質的には同じ意味だと考えることもできると思います。

13.2 様々な認知バイアスと需要予測

　さて、認知バイアスにはどのようなものがあるのでしょうか？　ここでいくつか紹介しますが、おそらくそのほとんどが、名前は聞き慣れないものの、みなさんの身に覚えがあるものだと思います。認知バイアスはそれくらい身近で、当たり前のものとも捉えられる一方、それによる判断や意思決定の歪みが発生しているのも事実なのです。これが、ビジネスにおける需要予測にも大きな影響を及ぼしています。

　ヒューリスティクスという概念を提唱した Tversky と Kahneman が1974年の論文で指摘した3つのバイアスがあります。それは、人は使いやすい情報だけで判断してしまいがちであるという利用可能性ヒューリスティクス、少ない事例で十分に全体を判断できると考えてしまう代表性ヒューリスティクス、直前に見た数字に囚われてしまうというアンカリングと係留ヒューリスティクスです（Tversky & Kahneman, 1974）。

　他に、直近のことを未来よりも過剰に重視してしまうバイアスも知られていて、これは現在性バイアス（Present Bias）と呼ばれています。

　1968年に Wason が考案した4枚カード問題（片面にアルファベット、もう片面に数字が書かれている4枚のカードがあり、「A」「K」「4」「7」が提示される。ここで、「片面が母音であるなら、そのカードのもう片面は偶数でなければならない」というルールが成立しているかを調べるためには、どのカードを裏返す必要があるかを問うもの）から教訓が得られた確証バイアス（Confirmation Bias）も有名で、これは自分の仮説を支持する情報を選択的に採用するという傾向です（Wason, 1968）（**図13-1**）。

　そして需要予測、特に判断的予測ではこういった認知バイアスによるミスリードが起こってしまうということが研究されてきました（Hogarth & Makridakis, 1981）。しかし数多く研究されてきたのは人の判断、つまり需要予測の中でも意思決定のステップにおける認知バイアスでした。しかし筆者は時系列モデルや因果モデルを使うようなアナリティクス予測においても、認知バイアスがミスリードしていると感じていて、自身の経験から帰納的にそれらを整理しています（山口, 2018）。その概要を図で表現したものを示します（**図13-2**）。

　ここでは5章で提唱した需要予測のステップの中から、認知バイアスが悪影響

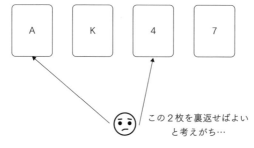

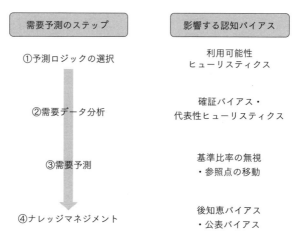

図13 - 1　4枚カード問題

需要予測のステップ	影響する認知バイアス
①予測ロジックの選択	利用可能性ヒューリスティクス
②需要データ分析	確証バイアス・代表性ヒューリスティクス
③需要予測	基準比率の無視・参照点の移動
④ナレッジマネジメント	後知恵バイアス・公表バイアス

図13 - 2　需要予測の各ステップと関連する認知バイアス
出所：Hogarth & Makridakis（1981）; 山口（2018）

を及ぼすと考えている4つをとり上げます。

（1）予測ロジックの選択　←　利用可能性ヒューリスティクス
　　需要予測の考え方を決める際、その需要特性に適したものを考えるよりも、自分の慣れた手法に頼りがちになる
（2）需要データ分析　←　代表性ヒューリスティクス・確証バイアス
　　少数の事例を分析しただけで、それが一般的だと解釈し、需要予測に使ってしまう
　　自分の仮説に合う分析結果を重視しがち

（3）需要予測　←　基準比率の無視・参照点の移動

　　　自分の予測モデルや調査結果を過信し、そもそもの比率といった大きな視点を考慮しない

　　　本来は需要とは関係がない、自分が置かれている状況（社内で別の製品の品切れがフォーカスされているなど）の影響を受けてしまう

（4）ナレッジマネジメント　←　後知恵バイアス・公表バイアス

　　　実績がわかった後に、実は自分はわかっていたと思ってしまい、誤差の分析がおろそかになる

　　　効果が見られなかったマーケティングプロモーションに関する情報には価値がないと思ってしまう

13.3　予測誤差の分解

　以上のように、人の思考プロセスは直感的なものと分析的なものに分けることができ、直感的な思考プロセスの一つにヒューリスティクスというスピードやコストの面でメリットのある思考法があります。しかしヒューリスティクスは使用者のバックグラウンドによって生まれる認知バイアスを伴い、それが需要予測において様々なミスリード引き起こす可能性があることを指摘しました。実際、過去の認知科学の研究においても、様々な認知バイアスが実証され、それを伴うヒューリスティクスは冷静な思考（Cold cognition）で書き換えるべきであるという論調が比較的優勢でした。

　ところが最近の経営学の研究では、逆にヒューリスティクスの有効性やその条件がフォーカスされ始めています。これを解説するために、まずは予測誤差の要因について一つの重要な理論を紹介します。

　予測誤差は、大きく次の２種類に分解できるということが提唱されています（Geman, Bienenstock & Doursat, 1992）。

　　　予測誤差＝（モデル）バイアス＋ヴァライアンス＋ランダム誤差

　この文脈におけるバイアスとは、予測モデル自体が持つ不正確性のことであり、認知バイアスと区別するために**モデルバイアス**と記載しています。予測モデルとは考え方のことであり、考え方の傾向（癖）という意味で、認知バイアスと

同じと解釈することもできると考えます。どの情報を考慮して予測するか、というロジックの限界によって発生する誤差ともいえます。

　もう一つの要素は**ヴァライアンス（Variance）**であり、日本語だと分散という訳があてられます。これは予測モデルにおける変数の係数を推定した際の分散のことです。ビジネスでは十分なデータがない中で予測モデルを構築することが多いため、この分散が大きくなる傾向があります。係数の分散が大きいということは、その変数がどれくらい需要に影響するかが不確実であるということになり、これが予測誤差の要因となるわけです。

　予測誤差の分解式にはランダム誤差という三つめの要素もありますが、これは予測モデルとは無関係に発生するものであり、ここでは取り上げません。

　そして Geman, Bienenstock & Doursat（1992）は、このモデルバイアスとヴァライアンスはトレードオフの関係にあると述べています（Bias-Variance Dilemma）。一般に、予測モデルは考慮する変数が多いほど正確性は高まり、モデルバイアスは小さくなる傾向があります。一方で、変数が多くなるほど、それらの係数を推定するために必要なデータも多くなり、分散も大きくなっていくため、ヴァライアンスが大きくなる傾向があります。よって、予測モデルが考慮する変数が多くても少なくても、バイアスかヴァライアンス、どちらかが大きくなる傾向があって、予測誤差が小さくなるとは限らないのです。

　しかし人は一見複雑な、多くの変数を使っている予測モデルを優れていると認識する傾向があることも示されています（Brighton & Gigerenzer, 2015）。これはバイアスバイアスと呼ばれますが、実際、ビジネスの場面においても変数の多いアナリティクス的な予測モデルの方が脚光を浴びてきたと感じています（**図 13 - 3**）。しかし2018年、人材採用の場面において、これが覆される研究成果が発表されたのです。

13.4　不確実な環境における直感予測

　Luan, Reb & Gigerenzer（2019）では、人材採用において、
（1）応募者が過去に受けた複数のテスト成績から将来のパフォーマンスを予測して採用した場合
（2）インタビューによって将来のパフォーマンスに重要な素質を見抜いて採用

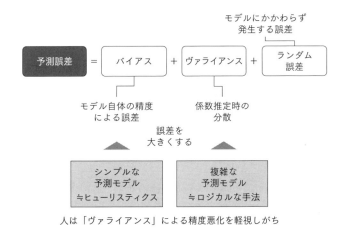

図13 - 3　予測誤差の分解
出所：Geman, Bienenstock & Doursat（1992）を基に筆者作成

　　　　した場合

の2つで、入社後のパフォーマンスを比較しました。（1）はすでに入社している社員の、過去のテスト成績とパフォーマンスの関係を回帰分析することで、その影響度（係数）を推定しており、アナリティクス予測といえるでしょう。（2）は多くの情報を考慮するというより、特定の行動特性から判断するため、Luan, Reb & Gigerenzer（2019）は直感的（ヒューリスティクス）と表現しています。また、採用を担当した人は複数名いて、人事業務の経験の長さは異なり、2種類の採用方法を好きに選択できるという条件でした。

　この結果、インタビューによって採用した人材の方が入社後のパフォーマンスが高いことがわかりました。そしてさらに、興味深い次の2つの示唆が得られています。

・アナリティクス予測用のデータを少なくするほど、将来のパフォーマンス予測の精度は低くなった
・人事業務経験が長い人ほど、データが少ない条件ではインタビュー採用を選択し、将来のパフォーマンスが高い人材を獲得できた

　以上から、データの不確実性が高い条件下では、データ分析に基づくアナリテ

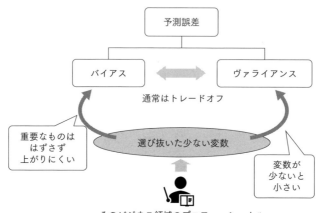

図13-4　プロフェッショナルは少ない変数でもバイアスを抑えられる

ィクス予測よりも、考慮する情報が比較的少ない、直感的なヒューリスティクス予測の方が高精度と考えられます。また、その領域のプロフェッショナルほど、条件に合わせて適切にヒューリスティクス予測を活用できる傾向があるのです。

　Luan, Reb & Gigerenzer（2019）はこの結果を**バイアスヴァライアンスジレンマ（Bias-Variance Dilemma）**で説明していて、データが不確実な環境であれば、ヴァライアンスが大きくなるため、考慮する変数が少ない直感的な予測の方が高精度になるということです。しかしそれは誰の直感でも良いわけではありません。適切な変数をきちんと選ぶことができる、その道のプロフェッショナルのみであると述べています。プロフェッショナルであれば、重要な変数を逃さず、少なくしぼり込むことができるため、変数が少なくてもモデルバイアスが大きくなりにくいというわけです（**図13-4**）。

　そこで筆者は、同じくデータの不確実性が高い新製品の需要予測においても、考慮する変数が多い複雑なアナリティクスモデルより、直感的なヒューリスティクスモデルの方が高精度ではないかと考えました。そして今まで需要予測に使われた有名な例のない、ある意思決定支援の手法を採用することを思いついたのです。それを次章で紹介します。

参考文献

Brighton, H., & Gigerenzer, G.（2015）"The bias bias," *Journal of Business Research,* 68 (8), 1772-1784.

Geman, S., Bienenstock, E., & Doursat, R.（1992）"Neural networks and the bias/variance dilemma," *Neural Computation,* 4(1), 1-58.

Hafenbrädl, S., Waeger, D., Marewski, J. N., & Gigerenzer, G.（2016）"Applied decision making with fast-and-frugal heuristics," *Journal of Applied Research in Memory and Cognition,* 5(2), 215-231.

Hodgkinson, G. P., & Sadler-Smith, E.（2018）"The dynamics of intuition and analysis in managerial and organizational decision making," *Academy of Management Perspectives,* 32(4), 473-492.

Hogarth, R. M., & Makridakis, S.（1981）"Forecasting and planning: An evaluation," *Management Science,* 27(2), 115-138.

Lieberman, M. D.（2007）"Social cognitive neuroscience: A review of core processes," *Annual Review of Psychology,* 58, 259-289.

Luan, S., Reb, J., & Gigerenzer, G.（2019）"Ecological rationality: Fast-and-frugal heuristics for managerial decision making under uncertainty," *Academy of Management Journal,* 62(6), 1735-1759.

Tversky, A., & Kahneman, D.（1974）"Judgment under uncertainty: Heuristics and biases," *Science,* 185 (4157), 1124-1131.

Wason, P. C.（1968）"Reasoning about a rule," *Quarterly Journal of Experimental Psychology,* 20(3), 273-281.

山口雄大（2018）『品切れ、過剰在庫を防ぐ技術—実践・ビジネス需要予測』光文社新書.

第14章

プロフェッショナルの直感予測

　直感的な判断的予測として有名な手法には次のようなものが挙げられています（Kahn, 2012）。

・トップダウン予測（Jury of Executive Opinion）
　部門長や社長クラスの鶴の一声的なトップダウンの数字（予測というより目標）。
・営業担当者による見込み値の積み上げ（Sales Force Composite）
　予算による認知バイアスを受ける可能性が高く、これも予測というよりは目標に近い。
・デルファイ法（Delphi Method）
　上記の２種よりはやや科学的であるものの、ベースは属人的でありヒューリスティクスといえる（６章参照）。
・Assumption-Based Modeling
　市場規模をベースに、消費者の認知過程（Awareness や Trial）、製品の配荷（Availability）、リピート購買などを順番に考慮していくモデル。消費者の購買行動を一つの流れのみにしぼってしまっている点や各遷移率の想定の精度が低いことが欠点。

　しかし筆者が新製品の需要予測に採用した手法はこれらではなく、意思決定支援の手法として知られている AHP（Analytic Hierarchy Process：階層化意思決定法）でした（Wind & Saaty, 1980）。本章では筆者が提案した AHP を使ったヒューリスティクス的需要予測モデルの紹介を通じて、プロフェッショナルの直感

予測の可能性を示したいと思います（山口, 2020）。

14.1　感覚を数値化する AHP

　AHP は今から40年以上も昔に Saaty によって開発されました。これは人の感覚を数値化する手法として、国の政策や企業のマーケティングといった場面の意思決定で使われてきており、一部ではかなり有名です。人は複数の判断軸がある場合、複数の選択肢から意思決定するのは得意ではありません。

　身近な例としてはマンション選びや旅先の決定などが挙げられるでしょう。例えばマンション選びでは、築年数や家賃、駅からの距離や通勤時間など、複数の判断軸を挙げられますが、複数の物件からこれらを考慮して即決するのは難しいと思います。

　AHP はこういった判断軸が複数ある場合の意思決定を階層構造で表現し、2種類の一対比較をくり返すことで、選択肢に点数（ウエイト）を付ける手法です。概念の説明では伝わりにくいと思いますので、具体的に筆者が提唱した化粧品の需要予測モデルを例に解説します。

　まずはこの新製品需要予測の考え方を階層構造で表現します（**図14−1**）。

　ここでは新製品の需要を予測する、という意思決定の目標において、評価軸は3つのマーケティング要素を想定しています。

・Product（+ Price）
　その製品が持つ機能的な価値によって満たせる市場ニーズの大きさ
　化粧品では情緒的価値も重要であり、かつ価格や競合の製品配置も考慮する
・Macro Promotion
　例えばテレビ CM や雑誌宣伝など、全国的な大型プロモーション
　コンシューマープロモーションとも呼ばれる
・Micro Promotion
　店舗における販売促進策であり、高価格帯の化粧品では販売員によるカウンセリングが中心
　リテールプロモーションとも呼ばれる

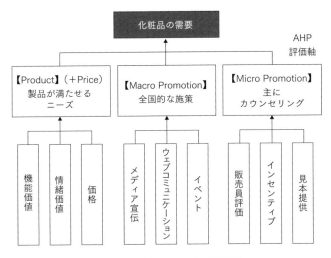

図14-1　化粧品需要予測の階層構造

　これらは化粧品の中でも、高価格のプレステージと呼ばれるブランドの需要に影響が大きいものです。もちろんこの他にも需要に影響する要素はありますが、AHPをビジネスの場で活用するためには、3つ程度にしぼり込むセンスが重要になります。理由は後述します。

　またその下位の構造では、需要を予測したい新製品を含む、複数の製品を選択肢とします。これも多過ぎると現実的に運用が難しくなるため、5品程度にすると良いでしょう。筆者は旅行業界や小売業界へもこの予測モデルを提案しましたが、評価軸は3〜4つ、選択肢は4〜5つでした。

　つづいてこの階層構造を前提とした、次の2種類の一対比較を行います。

（1）判断軸の比較
　化粧品の需要に対し、各マーケティング要素のどちらがどれだけ影響が大きいと思うか
例：プレステージブランドの需要予測において、テレビCMなどの全国的なプロモーションと、店舗におけるカウンセリングなどの直接的な販売促進では、どちらの方がどれだけ需要に影響すると思うか

（2）選択肢の比較

　各マーケティング要素において、各製品はどちらがどの程度優位か
例：店舗におけるカウンセリングでは、美白美容液（2万円）と目もとのしわ用
クリーム（3万円）のどちらの方がどれだけ紹介しやすいと思うか

　これはすべての組み合わせについて行います。比較は通常、7から9段階程度
のリッカートスケールで行われます。すべての組み合わせについて一対比較を行
う必要があることから、評価軸や選択肢が一つ増えるごとに、比較の回数が指数
関数的に増えていくことになります。よって、限られた時間の中で行うビジネス
においては、評価軸や選択肢を適切なものにしぼり込むセンスが重要になるので
す。
　そしてこれは経験に基づく、ビジネス知見で研かれるものです。ちなみに3軸
×5選択肢の場合、評価軸間の一対比較3通りと、選択肢間の一対比較30通りと
なり、合計で33個の一対比較を行うことになります。これは実際にやっていただ
くとわかりますが、数字計算などがない直感的な評価とはいえ、消費者の購買行
動や競合の製品配置などを想像しながら回答するため、一対比較が簡単というわ
けではありません。人の集中力を考慮すると、33個程度が良いところだと感じて
います。

　これらの一対比較の評価結果を行列計算で整理すると、各選択肢のウエイトを
計算することができます。この行列計算にはいくつかの考え方があります。興味
のある方はSaatyの論文やその他のウェブサイトなどをご確認いただきたいので
すが、このウエイトは、評価者が感じている「評価軸の重要さを踏まえた選択肢
の優位性」を表しています。要するに、評価者の感覚が数値化されたものといえ
ます。
　先述の一対比較の質問を見返していただくとわかると思いますが、回答は非常
に直感的になります。筆者の提唱した需要予測の階層構造の文脈で述べると、各
種マーケティングを踏まえた売上規模の感覚がウエイトとして数値化されると考
えています。

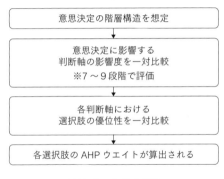

意思決定の階層構造を想定

意思決定に影響する
判断軸の影響度を一対比較
※7〜9段階で評価

各判断軸における
選択肢の優位性を一対比較

各選択肢の AHP ウエイトが算出される

図14 - 2　AHP の手順

14.2　直感予測力を測る⁉ 市場感応度バイアス

　ここまでが AHP の通常の使い方です。先述のような

①階層構造の想定

②2種類の一対比較

③行列計算

によって算出された選択肢（AHP では代替案と呼ばれる）のウエイトを、評価者の感覚と捉え、意思決定の参考にするのです（**図14 - 2**）。そして筆者の需要予測モデルではさらにもう一ステップあります。

　それはこのウエイトと、新製品以外の売上実績から、新製品の需要を予測するというステップです。新製品以外はすでに販売されているため、発売時の売上実績が既知です。一方で、すべての選択肢にウエイトが付いているため、それらの比例関係から新製品の需要が予測できると考えました。この時、新製品以外の製品の数だけ予測値が算出されますが、その平均値を需要予測とします。

　ここで一つ問題があります。新製品の比較対象である各既存製品から算出された予測値が大きくばらついていたら、その平均値を信じることができるでしょうか？　今回提案した予測モデルでは、直感的に一対比較をくり返すだけなので、予測の過程で自身の予測値を把握することができないのです。よって、根拠は曖昧になり、予測値の信頼性を示すことが難しくなります（**図14 - 3**）。

　そこで提案したのが、この予測の最終過程で計算できる、予測値のばらつきを

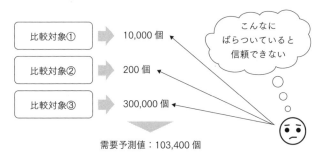

図14 - 3　AHP を使った需要予測の過程における予測値のばらつき問題

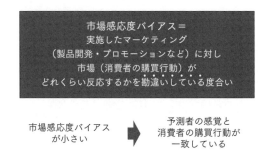

図14 - 4　予測過程で算出できる市場感応度バイアス

信頼性指標として活用するというアイデアです。

　このばらつきを解釈してみましょう。実はこれは、一対比較から算出された各製品のウエイトと実績の相関が低いほど大きくなります。つまり評価したマーケティングの影響度や、製品の優位性が実際の市場の反応と異なっているほど、予測値のばらつきは大きくなるのです。これは予測者が、マーケティングに対する市場の感応度（反応の程度）を勘違いしているということと解釈でき、筆者は「市場感応度バイアス（Sensitivity Bias）」と呼ぶこととしました。これは低いほど、その市場、つまり消費者の購買行動を理解していると考えられます（**図14 - 4**）。

14.3　直感的予測モデルの精度

　筆者はこの市場感応度バイアスと、AHP を使った予測精度の関係を検証しま

した。この時、精度比較の対象としたのは、12章で紹介した、重回帰分析的な思考を必要とするアナリティクス予測です。精度検証には、実務における予測データを使いました。データの秘匿性から具体的なデータを公開できないため、学術的な妥当性は示せないのですが、重回帰分析やロジスティック回帰分析を行い、その検定結果で評価しています。

　もちろん学術的な妥当性は重要です。しかし筆者は実務家であり、ビジネスにおいて有益な示唆を得ることができたか、の方をより重視しています。そしてこの研究によって非常に有益な3つの示唆を得ることができました。

（1）需要予測の実務経験が市場感応度バイアスを小さくする
（2）市場感応度バイアスが小さいほど AHP を使った需要予測の精度は高い
（3）リニューアルでない新製品の需要予測においては AHP を使った予測の方が高精度

需要予測の実務経験を積むと、その市場のことを常に考えるため、該当カテゴリーの消費者や競合ブランドの製品配置について詳しくなります。また、企業が行うマーケティングに対する反応（感応度）も肌感覚としてわかってきます。ここで重要なのが、都度、定量的なデータを分析しながら、市場を観察し続けるということです。興味深いことに、例えば価格帯や販売チャネルなどが異なるカテゴリーの需要予測を担当していた場合は、この感覚は養われない可能性が高いこともわかりました。

　そして筆者が提案した市場感応度バイアスをみることによって、ある程度、予測精度を想定できることもわかりました。市場感応度バイアスがある一定の水準を下回っていないと、その予測者による AHP 需要予測の精度は低い傾向があり、実務では信頼しない方が良い、ということになります。

　以上2つの示唆から、この研究で提案した、AHP を使った直感的な需要予測モデルは、その市場を深く理解したプロフェッショナルでないと使いこなせないことがわかりました。そのためこのモデルは再現性が一つの課題です。

　最も気になる予測精度ですが、筆者が実務で数年間蓄積してきたデータからは、AHP を使った需要予測モデルの方が高精度であることがわかりました（**図**

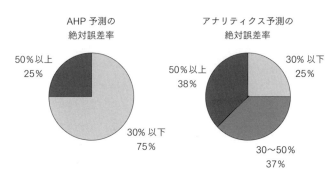

AHP 予測の
絶対誤差率

50% 以上
25%

30% 以下
75%

アナリティクス予測の
絶対誤差率

50% 以上
38%

30% 以下
25%

30〜50%
37%

図14 - 5　2つのモデルによる予測精度比較

14 - 5）。これは絶対誤差率（誤差率の絶対値）が30％以下になった割合で評価しています。なぜなら生産調整が月に1回、数ヵ月から半年先の生産計画を調整できるという条件では、需要予測の絶対誤差率が30％以下であれば、品切れも過剰在庫も発生させる可能性が低くなるからです。ここで想定している在庫の条件は、生産の間隔である1ヵ月分のサイクル在庫と、半月程度の安全在庫（需要変動に備える在庫）です。もちろんこれらの条件は、業界や生産のリードタイムによって変わるでしょう。

　また、例えば絶対誤差率が80％と90％で比較しても、どちらも実務では使えないレベルのため、その勝敗には意味がありません。よって、絶対誤差率の平均の比較による評価はしませんでした。

　ただし対象は特定のブランドで、リニューアルではない新製品がほとんどでした。そのため、より多くの業界、ブランドの新製品における検証は必要ですし、リニューアルの新製品であれば、結果は変わってくる可能性が高いと考えています。リニューアルであれば、需要の季節性は基本的には変わらないはずです。また、需要の水準も過去のプロモーションと比較することで、論理的に予測できます。そのため、アナリティクス予測の精度も高めになると考えられます。

　アナリティクス予測の欠点は、分析するためのデータを必要とすることで、リニューアルではない新製品はそれが少なく、実務で困っていました。そこで筆者は、この直感的な需要予測モデルを開発したのです。これからも検証は継続していきますが、現時点では非常に有益な示唆を提供できる需要予測モデルだと思っています。

14.4 不確実な環境における未来予測の突破口

　経営理論を使って新しいヒューリスティクス予測モデルを生み出し、その精度を検証しました。筆者は現実のビジネスの中でこの予測モデルを試していて、最初はおもしろ半分で協力してくれていたマーケターたちも、次第にこれを信頼するようになってきています。理由は、様々な新製品の需要予測に使う中で、その精度の高さを実感しているからに他なりません。

　特にこの予測モデルが頼りにされる条件は、新製品の新規性が高い場合です。製品属性が似た、需要予測の参考にできる製品が見つからない場合、データ分析に基づくアナリティクス予測は行いにくくなります。そんな時、AHP を使ったヒューリスティクス予測が頼りになるのです。

　実はここで紹介した需要予測モデルは、複数の業界で使われ始めています。国内の大手小売りチェーンや旅行業界で、実際に意思決定に使われました。つまりこのモデルは、階層構造をそれぞれの業界に合わせてアレンジすることで、十分に展開が可能なのです。

　本章では需要予測モデルの重要さをご理解いただくために、一つの新しい予測モデルを開発した事例を紹介しました。これからさらに不確実性が増すことが予想できるビジネス環境において、従来の多変数を使った予測手法の精度は、ヴァライアンスの増加によって低下すると考えられます。そこで新たな突破口となる予測手法は、今回提案したような、プロフェッショナルの直感を活用するものなのではないかと考えています。

コラム　集合知による需要予測

　ここで紹介した AHP を使った直感的な需要予測モデルは、個人の予測値だけでなく、予測に関わった全員の予測値も算出することができます。それは個人の予測値の単純平均ではなく、評価が組み合わされて算出されます（八巻・高井, 2005）。この複数人による予測値が、最も精度が高い傾向がみられるのです。これについては検証した事例の数が多くないため、統計的な検定による妥当性の評価はできていませんが、予測の対象となった新製品の

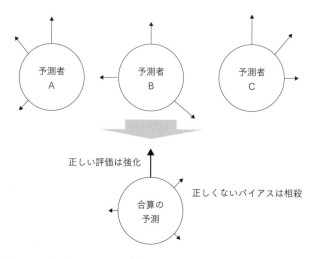

図14 - 6 　考え方のバイアスが相殺され、正しい評価が強化されるイメージ

ほとんどで個人の予測精度を上回りました。

　これを考察するのに、「予測市場」（トンプソン, 2013）という概念が役立つと考えています。予測市場とは仮想的な市場であり、例えばプロジェクトの成功や大統領の当選などのテーマに対し、参加者が自分の知識を使って未来を予測できると考えたものに投資するしくみです。ライト・ソリューションズという企業では、技術職やマーケターなどの様々な職種だけでなく、退職者も予測市場に参加し、成功しそうなプロジェクトのアイデアに投資をし、経営層はこの結果をプロジェクトの開始判断に活用しているそうです。

　ヨーク大学マーケティング名誉教授であるドナルド・トンプソンは、この予測市場において、参加者全体の平均値が個人の予測精度を上回る傾向があると述べています。この理由は、参加者の中には予測テーマに詳しい人もそうでない人もいるが、詳しくない人の予測は散らばり、相殺される傾向があるため、結果として専門家の知が集積され、精度が高くなっている可能性があると説明しています（図14 - 6）。

　AHP を使った需要予測では市場やマーケティングに関する総合的な評価を求められます。個人ごとには考え方や知識に認知バイアスがあるものの、それを統合すると正しくない評価は相殺されると考えられます。一方で、市

場やマーケティングに対する適切な評価は、重なり合うことでより明確になり、結果、予測精度が高くなるのではないかと考えています。

　筆者の理解では、予測市場を有効に機能させるには次の3つのポイントが重要です。

（1）参加者の考え方に多様性があり、ある程度の人数が参加する

（2）精度の高い参加者にはインセンティブ（報酬）が与えられる

（3）予測市場をスムーズに運営するためのITインフラが整備されている

AHPを使った需要予測においても、これらを踏まえてしくみを設計することで、より安定した予測精度を目指すことができるのではないかと考えています。

参考文献

Kahn, K. B.（2012）*The PDMA handbook of new product development,* John Wiley & Sons.

Wind, Y., & Saaty, T. L.（1980）"Marketing applications of the analytic hierarchy process," *Management Science,* 26(7), 641-658.

トンプソン，ドナルド（2013）『普通の人たちを予言者に変える「予測市場」という新戦略』千葉敏生訳、ダイヤモンド社.

八巻直一・高井英造（2005）『問題解決のためのAHP入門—Excelの活用と実務的例題』日本評論社.

山口雄大（2020）「知の融合で想像する需要予測のイノベーション（第6回）プロフェッショナルの直感が有効になる時（後編）需要予測×経営論」『ロジスティクスシステム＝Logistics systems』29(3), 24-27.

第15章

需要予測システムの活用法

　予測精度を上げるために、高い費用をかけて（もっと高い？コンサルティングフィーも支払って）システムを導入したにもかかわらず、精度が上がらないどころかオペレーションが混乱し、膨大な時間と引き換えに残されたのは誰も使わなくなったシステムだけだった、といったような悲劇に見舞われたご経験はあるでしょうか？

　実はこれは珍しいことではありません。そしてこの要因は多くの場合、システムにはありません。ユーザー企業サイドのマインドにあります。そもそも素晴らしいと喧伝されているグローバルなパッケージシステムも、例えば需要予測といった一つの機能を細かく見てみると、所々に穴があり、それは人がオペレーションでカバーしなければいけないものです。

　一方で扱う SKU 数が数千以上などと多い企業においては、システムを有効活用することが可能です。筆者の調査によると、需要予測システムを導入している企業は3割弱と、決して多くはありません（**図15-1**）。もちろん、すべての企業に導入が必要だとは考えていませんが、導入によって予測精度の向上や業務の高度化を目指す余地はあるといえるでしょう。本章では需要予測システムを有効活用するためのマインドと、システムのデザインについてフォーカスします。

15.1　システム活用のための準備

　需要予測を含む SCM の機能をデジタル化するにあたり、事前に考えておくべきことが5つあると提唱されています。これを事前に確認せず、いつの間にかシステム導入自体が目的に変わってしまうと、冒頭で述べたような悲劇的な結末と

予測ツール（113 社）

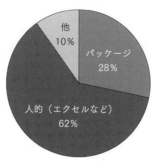

図15 - 1　日本企業における需要予測システムの導入状況
出所：筆者調査

S ource of Data
　　非構造化データを含むデータセンシング戦略

A nalytical Capabilities
　　分析＝記述→予測→処方

V ariety of App across SC
　　最新の App は把握しつつも、全てを導入するのは非現実的

V alue Provided to the Org.
　　究極の目的は在庫管理

Y our Changing Role
　　新しいスキルの教育も必要

図15 - 2　SAVVY framework
出所：Scott, Stank & Hazen（2018）

なります。筆者も一度ではなく、システム導入自体が目的化されてしまったような プロジェクトをみてきました。ひどいものではシステム導入にすら至らず頓挫 したものもありました。そうならないための事前検討の項目を、テネシー大学の Scott 教授が **SAVVY framework** として提唱しています（Scott, Stank & Hazen, 2018）。

◆ SAVVY framework（**図15 - 2**）

Source of Data
必要なデータを継続的に少ない負荷、コストで入手し、管理できるかの確認 （本書11章で取り上げたテーマと同様）

Analytical Capabilities

分析能力とは、①現状の記述②未来の予測③対応アクションの処方の３つができることであり、ユーザー企業の人材がそれを担うことができるように準備

Variety of App across Supply Chain

あらゆるパッケージをすべて導入することはコストの観点からも非現実的であり、自社のサプライチェーンのどの機能にどんなシステムを導入するのかを検討

Value Provided to the Organization

システムの導入によって、自社にどんな新しい価値が生まれるかを具体的に想定

Your Changing Role

システムの導入によって一部の業務の内容が変わるが、そこで各担当者はどんな業務をすることになるのかを想定

当たり前のようですが、何を目的にシステム導入をするのかは、事前に認識しておかなければなりません。しかし現実には、個人の昇進のために派手なアクションを実行したい、一度言い出してしまったからなんとか最後までやりきりたい、そのため提案が通るように効果を誇大報告してしまった、などといったことが起こるのです。システム導入で最初に乗り越えなければならない壁は、こうした周囲の関係者、そして自身の認知バイアスといえるでしょう。

　そして意外と検討されないのが、システムの活用に必要なデータのマネジメントと、それを使用する人に求められる能力（スキル）、新たに生まれる業務についてです。データマネジメントについては11章ですでに述べましたが、継続的なデータの入手と管理のしくみは十分に事前検討すべきものです。すでに社内に蓄積されている構造化されたデータだけでなく、インターネット上にある、例えば消費者の口コミなどの非構造化データのセンシングや保管も検討すべきといえます。

　システムは使い手の能力によってその価値が大きく変わります。よってユーザー企業サイドに求められる能力を想定し、必要に応じてトレーニングを組むことが重要になります。ここで、導入時のトレーニングはたいてい行われるのですが、重要なのはその後です。継続的なユーザーフォロー、新任担当者への適宜のトレーニングなどもしくみとして想定しておくことは意外と忘れられがちです。

　また、システム導入によって簡略化される業務がある一方、システム自体をマ

ネジメントするという業務が出てくるはずです。これを担うことのできる人材の配置も考えておく方が良いです。こうした事前準備のためには、SAVVY frameworkのようなアカデミックな知見が有効になります。

15.2　ITシステム活用の3つの目的

なんのためにシステムを導入するかについて、筆者はMBAの講義で、大きく次の3つの目的があるとまなびました（**図15 - 3**）。

（1）自動化
（2）意思決定支援
（3）プラットフォーム化

センシング技術の進歩により、大量のデータを入手できるようになってきました。AIといった先端技術を有効活用するためにはそういった大量の、いわゆるビッグデータをセンシングし、管理することが必要になります。その際、人手での入力や集計には限界があり、対応が難しくなります。これはシステムによる自動化がないとできないでしょう。

また、紙の資料で長年保管しておくということも、データが増加するにつれて難しくなります。アナログ情報は廃棄されてしまう可能性が高いため、できれば自動でデジタル情報として保管することが必要になります。

システムは意思決定を変える力も備えています。というのも、システムによって人が考慮できる情報が増えるからです。アナログ情報では難しかった、遠距離での情報共有も容易になり、企業においては様々な部門間でデータを簡単に共有できるようになりました。

需要予測においても、プロフェッショナルは様々なデータを考慮しますが、それをSCM部門だけで集めてくるのは難しいといえます。マーケティング部門や営業部門、情報管理部門などが持つデータだけでなく、場合によっては研究所やコールセンターなどが持つデータも有効活用できる可能性があります。需要予測という視点でのデータ活用のアイデアは、需要予測のプロフェッショナルでないと思いつきません。

```
┌─────────────────────────────┐
│  1．自動化                    │
└─────────────────────────────┘
  データのハンド入力・集計の限界

┌─────────────────────────────┐
│  2．意思決定支援              │
└─────────────────────────────┘
  情報が行動を変える

┌─────────────────────────────┐
│  3．プラットフォーム化        │
└─────────────────────────────┘
  部門間のデータ共有 ⇒ 既存データの新しい価値発見
```

企業内外の"組織の壁"を越える

図15 - 3　IT システム活用の 3 つの目的

　これは逆も同様です。よって、自部門が持つデータの新たな価値は、他部門のプロフェッショナルに共有されてこそ、発見できるものなのです。そしてデータの新しい価値は意思決定を変えていきます。

　さらにデータが部門間だけでなく、企業も越えて共有されるようになると、プラットフォームとなります。これが利用者へ新しい価値を生み出すことは、みなさんも日々、実感されていると思います。

　ディスラプター戦略で日本でも有名なマイケル・ウェイド教授は、デジタライゼーション（IT システムのようなデジタル技術の活用）は目的ではなく、アジリティ獲得のための手段であると述べています（ウェイドほか, 2017）。先述の自動化は、アジリティを高めることにつながります。

　需要予測システムの導入によるアジリティの獲得について、具体例を紹介します。需要予測のオペレーションレベルが高い企業においては、需要予測システム導入の意義は、予測精度ではなく、予測速度（アジリティ）だと考えています。そのアジリティを支えるのは IT システムです。

　筆者が以前、需要予測のグローバルパッケージに付加した機能は、アラートマネジメントです。需要変動をデマンドプランナーに知らせる機能ですが、様々な条件を設定することができます。予測の時期や対象品の売上規模、取得できるデータの特性などに合わせ、数十種類のアラートがあります。具体的には、次のよ

うなアラートです。

・未来と過去
・POSと出荷
・時間軸
・売上規模
・データのカバー率

未来アラートとは、「今月や今週、予測がはずれそうか」という未来の変動予想です。過去アラートとは、「先月や先週、予測がはずれたか」という過去の変動報告です。これらを組み合わせることで、需要変動をデマンドプランナーへ警告します。

　どれくらいの需要変動でデマンドプランナーへアラートを提示すべきかについては、フィードバックをもらいながら細かく調整していくしかありません。設計した数十種類のアラートによるマネジメントは、安定するまでに半年以上かかりました。しかしその結果、予測業務の70〜80％を削減できました。

　これにより需要変動が発生し始めた製品のデータ分析や、難易度の高い新製品の需要予測により多くの時間をかけることが可能になりました。また、そのために関連部門とより密なコミュニケーションをとるようになっています。

　さらにこのアラートの強みは、日々のPOSデータも使っていることです。よって、消費者の購買行動に変化が発生してから数日で捉えることができます。この数十年で技術の進歩によって消費者同士のコミュニケーションが劇的に変わり、企業が仕掛けるマスマーケティングの影響力が低下した結果（ニールセンホールディングス Plc., 2015）、従来のマーケティングの考え方が通用しなくなってきています。消費者の購買行動は単一に括れなくなり、その方向性も一つではなくなってきています。そのため、どのような認知過程の遷移で購買につながったかを想像するよりも、購買行動の変化をいち早くセンシングすることの方が有効になっていると感じます。

　つまり日々のPOSデータをシステムでモニタリングすることで、より早く消費者の購買行動の変化に気づくことが重要になってきていると考えています。需要変動を自動で察知するアラートを使うことで、需要予測を常に最新の市場に合

わせることができます。これが需要予測のアジリティであり、精度とは違った側面から経営に貢献します。

15.3 需要予測のデジタルトランスフォーメーション

近年、デジタルトランスフォーメーション（DX）という言葉がよく聞かれるようになりました。これは単にデジタル技術を業務に導入することではなく、それによって新しい価値を生むことを指します。筆者は需要予測において、DXで目指す価値を次の3つと整理しています。

（1）多面的思考：Multi-sided
（2）アジリティ：Agility
（3）納得感：Plausibility

多面的思考については11章で述べました。それによって幅を持った需要予測を行い、需要変動を定量的に想定します。それを支援するために、複数の予測モデルのシステム化が有効です。これは先述のIT活用の目的の意思決定支援に該当します。

アジリティについては本章で具体例を挙げて説明した通りです。これには自動化が重要であることが理解いただけたと思います。

そしてもう一つ、納得感の醸成もDXで目指すべき価値です。

不確実な環境下では、丁寧な分析に時間をかけても、予測精度が高くなりにくいといえます。例えば2020年に突如感染が拡大したCOVID-19のビジネスへの影響は、世界のどの企業も、事前に予測はできなかったでしょう。需要への影響が不確かな環境変化が起こっている時は、過去の時系列データの分析に時間をかけるよりも、関係者がとにかく行動することが有効です。そのためには納得感が必要になります。

ウイルスの感染を防ぐために、手洗いと消毒が推奨されました。これによって手が荒れる可能性が高くなると考え、化粧品メーカーでは保湿効果の高いハンドクリームを積極的に紹介することを決めました。これは過去にはなかった条件下のプロモーションであり、その需要への影響はわかりません。

システム化テーマ	目的	目指す価値	新しい業務
需要予測システム導入	自動化 意思決定支援	多面的思考	予測モデル管理 トレーニング設計
市場モニタリング	自動化 意思決定支援	アジリティ	需要変動の定義設定
予測用データベース	プラットフォーム	アジリティ 納得感	因果関係の仮説構築 センシングアイデア
予測精度管理	自動化 意思決定支援	納得感	予測精度の解釈 精度起点の分析
デマンドブリーフ ＊17章参照	意思決定支援	多面的思考 アジリティ	市場変化の解釈 中長期予測の解釈

表15-1　需要予測に関するシステム化の目的と価値の整理例

　しかし、このストーリーに納得し、関係者がアジャイルに行動することで、早期に消費者の反応をセンシングすることができます。これを踏まえて需要予測を更新し、消費者の新たなニーズに応えていくのです。

　このように、不確実な環境下における納得感の重要性は、「センスメイキング理論」として知られています（Weick, Sutcliffe & Obstfeld, 2005）。時間をかけて予測をするのではなく、とにかく行動し、環境へ働きかけて自分たちから変化を起こすという考え方です。この理論においてキモとなる納得感にはストーリーが重要だといわれていますが、それを支えるのがデータであり、そこからの示唆であると考えます。そのためビジネスにおける納得感の醸成には、DX が有効になるはずです。**表15-1** に、需要予測に関連するシステム化のテーマとその目的、目指す価値、生まれる新しい業務の例を示すので、参考にしてください。

15.4　DX で変わるデマンドプランナーのしごと

　筆者は2017年以降、需要予測に AI を活用することを進めてきましたが、これは一つの DX だと考えています。11章で少し紹介した通り、発売前の需要予測において、一部のブランドで従来の精度を上回ることに成功しました。しかし、実務における AI 活用は、これだけでは進まないことをまなびました。

　需要予測 AI の学習方法である機械学習は、大量のデータ間の関係性を推定し、分類や予測をすることができます。しかし、人がそのロジックを正しく解釈

することは難しいという、実務上の欠点があります。需要予測はマーケティング
や生産計画、原材料調達の意思決定に使われるため、その根拠の提示と納得感が
重要です。よって、需要予測AIを実務で活用するためには、その予測値の解釈
を、11章のコラムで述べたように、デマンドプランナーが関係者へ伝える必要が
あります。つまり、デマンドプランナーは新たにこのスキルを身につけなければ
なりません。

　ここからいえるのが、需要予測のDXは単にITシステムを導入するだけでは
進まないということです。これは10章で紹介した六角形のフレームワーク（図10
－1）で整理するとわかりやすいです。

　ITシステムの導入はフレームワークの「システム」に該当します。需要予測
AIの開発や導入は、「予測モデル」にも該当します。これによって実務で新しい
価値を生み出すためには、「データ」の新たなセンシングや管理が必要です。同
時に、AI予測の結果を評価し、さらなるデータセンシングやAIの再学習につ
なげる「精度評価とマネジメント」も必要です。これは需要予測AIを管理する
「専属の組織」を設置しないと進みにくいです。さらに、「デマンドプランナーの
スキル」も新たにトレーニングしなければなりません。

　つまり、需要予測のDXによってビジネスで新しい価値を生み出すためには、
ITシステムだけでなく、データの管理や組織体制、人のスキルも同時に進化さ
せる必要があるのです。

コラム 需要予測システム評価のチェックリスト

　需要予測システムを評価する際に活用しているチェックリストを一般化して掲載します（表15-2）。各社のビジネスモデルに合わせ、適宜詳細を具体化してご活用いただければ幸いです。ちなみにこれは需要予測システムに対し、筆者がユーザー企業としての目線と、ユーザー企業へ売り込む側の目線の両方から設計したものです。

1. 予測ロジック	複数のロジックがある	
	季節性を考慮したロジックがある	
	ロジックの根拠が明確である	
2. 予測モデル補正	異常値を補正できる	
	異常値補正の案が提示される	
	外部変数を反映できる （増税影響・オリンピック需要など）	
	トレンドの漸減性を考慮できる	
3. 意思入れ	人が意思入れできる	
	意思の根拠をコメントとして残せる	
4. 新製品	ベンチマーク品の需要パターンを適用できる	
	適用するパターンをカスタマイズできる	
	ベンチマーク品の自動提案機能がある	
5. マネジメント	予測精度指標の算出機能がある	
	精度分析の軸が自由に設定できる （予測タイミング・集計単位・意思入れ前後）	
	予測値のカテゴリー集計機能がある （エリア・アカウント・ブランド・事業別など）	
	需要変動のアラート機能がある	
	複数のアラートに対応できる	
6. マスター	製品ファミリーを自由に設定できる	
	ファミリー内の分配比率を設定できる	
	分配比率の算出ロジックが複数ある	
	会社の基幹システムとマスターが連携される	
7. 画面・機能	見やすい	
	関連情報にすぐアクセスできる （製品属性・POS の推移など）	
	複数の流通段階の予測に対応できる	

表15-2　需要予測システムのチェックリスト

参考文献

Scott, S., Stank, T., & Hazen, B.（2018）*A savvy guide to the digital supply chain*, The University of Tennessee, https://www.supplychainmanagement.utk.edu/uploads/A-Savvy-Guide-to-the-Digital-Supply-Chain.pdf（2021-05-10参照）.

Weick, K. E., Sutcliffe, K. M., & Obstfeld, D.（2005）"Organizing and the process of sensemaking," *Organization Science,* 16(4), 409-421.

ウェイド, マイケル、ジェフ・ルークス、ジェイムズ・マコーレー、アンディ・ノロニャ（2017）『対デジタル・ディスラプター戦略―既存企業の戦い方』根来龍之監訳、武藤陽生/デジタルビジネス・イノベーションセンター（DBIC）訳、日本経済新聞出版社.

ニールセン ホールディングス Plc.（2015）「消費者が最も信頼する"広告"は、友人からの推薦、次いで企業サイト～ 従来型広告もいまだ有効」https://www.nielsen.com/jp/ja/press-releases/2015/nielsen-pressrelease-20150928/（2021-1-23参照）.

第16章

当たらない需要予測の価値

　需要予測というと、やはり気になるのが精度です。品切れが発生しても、過剰在庫が発生しても、最初に思い浮かべるのは需要予測がはずれたのではないか、という理由です。これは営業部門でも製造部門でもおそらくそうでしょう。実際には予測精度以外にも、品質トラブルによる出荷止めや生産遅延による品切れ、物流センターの予備在庫による過剰在庫など、様々な要因があり、必ずしも予測精度が主要因とは限りません。デマンドプランナーと営業担当者のコミュニケーション不足や、製造ラインにおける人手不足などは、それで大きなトラブルが起こらない限りは想像しづらく、誰もが想像しやすい予測精度の問題だと考えがちになっていると感じます。

　結果、需要予測は当たらない、という印象が広まりやすい一方、そこに組織として専門部隊を整備し、スペシャリストを育てるために教育プログラムを設計し、競争力のある予測システム開発のために予算を張る、といった大胆な改革を実行している企業は少ないと感じます。

　これに対して本書では6つの要素を使ったアカデミックなフレームワークの活用を提案しました。一方で、当たらない需要予測もマネジメント次第では価値を生み出せます。本章ではそのための予測精度の定量評価、それを踏まえた当たらない需要予測を有効活用する考え方を提案します。

16.1　不確実性をリスクに変える予測精度

　需要予測の戦略的な活用のために、まずは**不確実性（Uncertainty）**という概念について、**リスク（Risk）**との対比から確認します。不確実性とリスクは異な

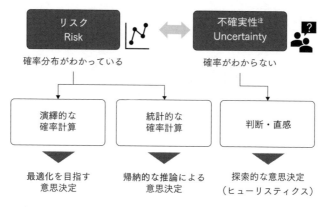

図16 - 1　リスクと不確実性における意思決定のちがい

注：Knight（1921）

る概念です。不確実性については約100年前から研究があり（Knight, 1921）、

・何が起こるかわからない

・どれくらいの確率で起こるかわからない

・その影響度合いがわからない

・何をすれば良いかわからない

など、複数の段階に分けて整理されています。不確実性の一つの重要な特徴は、確率分布が不明であるということです。つまり、どれくらいの確率でどれくらい変動するかを想定できないという意味です。

　一方でリスクとは、**変動可能性（Volatility）**のことです。こちらは不確実性と異なり、変動の確率分布がわかっています。つまり、何％の確率でどの程度変動する可能性があるかを想定できるということです。

　同じような意味合いで使われることのある2つの言葉ですが、需要予測、そしてSCMにおいてこの違いは非常に重要です。なぜなら需要変動の程度と確率がある程度想定できるのであれば、例えば在庫戦略を立案することができ、品切れや過剰在庫の発生をSCM全体として抑制することができるからです。変動の確率分布がわかっている場合は、計算によって最適な意思決定をすることができますが、それがわからない不確実な条件下では、"試しにやってみよう"という直感的な意思決定になる場合が多いといえます（**図16 - 1**）。

　この需要変動を定量的に表現するものが予測誤差であり、つまりは予測精度に

なります。よって予測精度を定量評価することで、それを基にした SCM 戦略を描くことができるのです。

16.2　代表的な予測精度指標

　では予測精度とは、具体的にどうやって測定するのでしょうか。ビジネスにおける予測精度とは、予測誤差を反対から捉えたものであることが多いです。

$$予測精度 ＝ 1 － 予測誤差$$

これは精度というと高い方が良いという印象があるため、それに合わせて解釈しやすいように1から引いています。しかし予測誤差は定義によって1よりも大きくなることがあります。ビジネスでおそらく最も使われている MAPE（Mean Absolute Percentage Error；定義は後述）はそうであることから、デマンドプランナーであれば1から引かず、予測誤差のまま評価していることが多いです。

　予測誤差についても世界で多くの研究が行われてきました。すでに Geman, Bienenstock & Doursat（1992）が提唱した予測誤差の分解は紹介しましたが、まずは予測誤差の定義を確認しましょう。

$$予測誤差(Forecast Error)＝ 実績(Actual)－予測(Forecast)$$

実績と予測を逆にする場合もありますが、これは絶対値として使うことが多いためどちらでも大差はありません。関係者で定義を共有することが重要です。人の感覚としては実績が上がった場合の方を、"売れた" という意味で、プラスで捉える方が合っていると考えています。

　ちなみに、実績よりも高い予測を Over-forecast、低いものを Under-forecast と呼ぶこともあります。

　そして予測誤差を実績で割ったものが予測誤差率です。

$$予測誤差率(PE：Percentage Error)＝ 予測誤差/実績$$

これも分母が実績か予測かという議論が出ることもありますが、基本は実績です。予測とは人の意思が入ったものであり、それを基準ともいえる分母にするのは適切ではないと考えています。実際、海外の多くの論文や書籍では、分母は実

予測精度指標（75 社）

図16 - 2　実際に企業で使われている予測精度指標
出所：筆者調査

績となっています（Hyndman & Koehler, 2006; Kilger & Wagner, 2015; Moon, 2018）。

　ただ、営業部門などにおいて、計画に対する進捗を管理する場合は、計画が基準となるため、分母を計画とすることもあります。

$$計画進度 ＝ 実績/計画$$

　ビジネスにおいてはたいてい複数の製品を扱っているため、予測精度は複数の製品の平均値を計算します。それが代表的な予測精度指標である**MAPE（平均絶対予測誤差率）**です（**図16 - 2**）。

$$平均絶対予測誤差率(MAPE)＝ \Sigma|PE|/n$$

ここで n は製品数です。予測誤差率の絶対値をとっているのは、誤差率はプラスにもマイナスにもなり、そのどちらも実績とずれているということなので、計算の過程で相殺しないようにするためです。

　さらに売上規模の大きく異なる製品を扱っている場合は、これに売上構成比を掛けることで、製品の経営における重要度を反映します。これは売上加重平均MAPE と呼ばれます。

$$売上加重平均MAPE ＝ \Sigma売上構成比×|PE|$$

　筆者は製品ごとの「売上構成比×|PE|」を「MAPE インパクト」と呼んでい

て、この相対的な大きさを需要予測修正の優先順位づけに使っています。売上加重平均は金額ベースでも数量ベースでも計算します。これはコミュニケーションの相手、つまり予測精度を何に使うのかという目的に応じて変えるものなのです。

前者は特に経営層へのレポートとして使う場合、後者は購買・調達部門とのコミュニケーションに使う場合などが挙げられます。売上加重平均MAPEはブランドや事業、カテゴリーといった特定の括り全体の予測精度を測定する指標として使われます。

ここで誤差率の分母についておさえておくべきポイントを伝えます。先述の通り世界で標準的なのは実績ですが、その場合実績が予測を下回ると予測精度はより悪い数字になります（分母が小さいため）。一方で分母を予測にした場合は実績が予測を上回る場合をより悪いと評価することになります。よって、企業の戦略によっては分母を予測とすることもあるでしょう。

大事なのは、こういった評価の非対称性を理解した上で分母を決めているかということです。これを解消するために、分母を実績と予測の平均とするSymmetric-MAPEという指標が提唱されていますが、これは実際のビジネスではほとんど使われていません。

16.3 その他の予測精度指標

MAPEはわかりやすく、算出も簡単なため、最もメジャーともいえる予測精度指標なのですが、あくまでもあるカテゴリー全体の予測精度を測定するものです。よって、誤差の方向性を把握するためには、あわせて別の指標もモニタリングする必要があります。

APICSで取り上げているのが次の式で定義されるBiasです（APICS, 2018）。

$$\text{Bias(予測値のバイアス)} = \Sigma 誤差$$

Σは様々な製品の合計ではなく、一製品における特定期間の誤差の合計です。例えば、月ごとの誤差を年間分合計する、といったイメージです。ある一定期間において、実績が予測に対し、どちらの方向へ変動したかを示す指標です。これは絶対値ではないため、小さいからといって予測精度が高いということにはなりま

せん。あくまでも需要変動の傾向を把握するためのものであることに注意して解釈してください。

　この Bias と似た用途となる指標としては、誤差率分布が挙げられます。これは誤差率を適当な幅で区切り（±20％以内、＋30％〜＋50％など）、その中にどれくらいの製品が入っているかの分布を管理するものです。これも誤差率の方向性を把握することができます。

　Bias は製品ごとの予測の傾向を捉え、誤差率分布はブランドなど、特定の単位において、どの程度はずれている製品がどれだけあるのかを把握する指標といえます。

　他に、MAD（Mean Absolute Deviation：平均絶対予測誤差）という指標もあります。

$$\text{MAD} = \Sigma | 実績 - 予測 | / t$$

（APICS, 2018）

これは単位時間（1ヵ月や1週間など）あたりの平均絶対誤差です。この指標は需要の数量規模の影響を受けるため、製品間の比較には向きません。一製品の予測誤差を分析する際に活用する指標となります。

　この MAD は、トラッキングシグナル（Tracking Signal）としての活用が有効です（APICS, 2018）。

$$\text{トラッキングシグナル} = \Sigma(実績 - 予測値)/\text{MAD}$$

　この数字は需要予測を見直すシグナルとして使われます。具体的な閾値は、MAD を計算する期間によりますが、例えば6ヵ月であれば、4程度とすることが多いようです。もちろん、扱う製品の需要特性によって異なるため、データ分析に基づいて各企業で決める必要があります。

　トラッキングシグナルは、需要が同じ方向に変動すると大きくなります。ただし、その程度は考慮されないため、期間合計の誤差率や MAD など、誤差の程度を表す指標とあわせてモニタリングすることをおすすめします。

　例えば6ヵ月間の MAD を使い、トラッキングシグナルを算出するとします。2つの製品において、この値が4を超えたとしても、片方の期間合計の誤差率は10％、もう片方は50％といったことがあるということです。売上規模も考慮する

必要がありますが、トラッキングシグナルだけで製品間の比較を行うことは難しいといえます。

　代表的な MAPE の欠点としては、実績（観測値）が「0」やマイナスの値をとる場合があるものは適切に評価できない、ということが挙げられています。Hyndman と Koehler は気温などを例に挙げ、MAPE よりもその点で優れた指標として **MASE（Mean Absolute Scaled Error）** を提唱しています（Hyndman & Koehler, 2006）。

　これは定義式としては、まず単位時間あたりの需要の変化で誤差を割ります。

$$\text{SE(Scaled Error)} = 誤差 / \{\Sigma | 実績 - 1\ 時点前の実績 | /(t-1)\}$$

ここで t は時間の単位を表します。実はこれは、1 時点前の実績を予測値とする（ナイーブフォーキャスト：Naive Forecast といいます）という、非常に単純なロジックによる需要予測と精度を比較していることになります。この最も単純といえる需要予測に対し、誤差をどれくらい小さくできているかを評価しているといえるでしょう。

　この SE の絶対値の平均が MASE です。

$$\text{MASE} = \Sigma | \text{SE} | /t$$

　MASE が 1 であれば、高度なロジックを使っていたとしても、精度はナイーブフォーキャストと同じということです。1 より大きければ、むしろ悪くなっています。

　MASE は上記の MAPE の欠点は克服しているものの、複雑さが欠点であると論文の中で認められています。筆者はこれに加え、需要の季節性が異なる製品をまとめての精度評価にも向かないと考えています。

　季節性の大きい製品の MASE は過剰に低く評価されます。つまり、そうではない製品の MASE と比較しても、予測精度の良し悪しを評価することはできません。

　MASE の実務における有効活用は、ブランドやカテゴリー全体の予測精度を測ることではなく、使用している予測ロジックの付加価値（Forecast Value Added：予測付加価値）を評価することです。例えば統計的な予測モデルやコン

センサス予測が、どの程度の価値を生み出しているかを評価する際に使えます。

　以上のように、予測誤差（予測精度）を測定する指標には様々な種類があります。それらを一通り知った上で、各社の扱う製品の需要特性や企業の戦略を踏まえ、できれば特徴の異なる複数を選び、継続的にモニタリングすることが重要になるでしょう。

16.4　デマンドプランナーによる戦略在庫

　これらの予測精度指標を使って、需要の不確実性を変動リスクに変換することができます。予測精度を分析することで、製品属性やマーケティングの種類によってどの程度、需要が変動するかを想定できるようになります。ただしこれはデマンドプランナーだからこそできる解釈です。需要変動の要因を想定できなければ、この分析は難しいでしょう。つまりデマンドプランナーは需要予測を行うだけでなく、予測精度を測る指標の特徴を理解した上で、その誤差率を解釈することも求められます。

　これができると、需要予測とセットで在庫計画を提案できるようになります。筆者はこれを、統計安全在庫と区別し、**戦略在庫（Strategic Stock）**と呼んでいます。在庫計画は統計安全在庫に基づいて立案されることが多いと思いますが、これはあくまでも過去の需要や予測誤差から統計的に変動を計算しているだけです。よって新製品や環境変化があった製品には使えません。こういった製品ほど重要である場合が多く、それらの在庫計画は需要変動をリスクとして解釈できるデマンドプランナーが立案すべきだと考えています。

　需要予測が難しく、精度の低い製品は必ずあります。しかし予測誤差を使って精度を定量的に評価することで、デマンドプランナーは在庫戦略を立案することができます（**図16-3**）。これにより、SCMとして品切れや過剰在庫を抑制することができるのです。そのためには様々な予測精度指標を理解しておくことが必要になるでしょう。

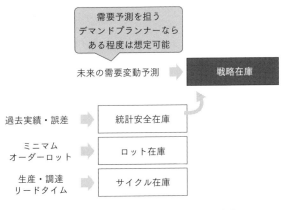

図16 - 3　デマンドプランナーによる戦略在庫

参考文献

APICS（2018）*CPIM PART1 Exam Content Manual VERSION6.0*, APICS.

Cowan, D.（2016）*Frank H. Knight: Prophet of Freedom*, Palgrave Macmillan.

Geman, S., Bienenstock, E., & Doursat, R.（1992）"Neural networks and the bias/variance dilemma," *Neural Computation*, 4(1), 1-58.

Hyndman, R. J., & Koehler, A. B.（2006）"Another look at measures of forecast accuracy," *International Journal of Forecasting*, 22(4), 679-688.

Kilger, C., & Wagner, M.（2015）"Demand planning," In Stadtler, H., Kilger, C., & Meyr, H.（Eds.）, *Supply Chain Management and Advanced Planning, Fifth Edition*, Springer, 125-154.

Knight, F. H.（1921）*Risk, Uncertainty and Profit*, Houghton Mifflin Company.

Moon, M. A.（2018）*Demand and Supply Integration: The Key to World-Class Demand Forecasting, Second Edition*, DEG Press.

第17章

デマンドブリーフ

　需要予測の戦略的活用ということでは、おそらく本章が最も重要であり、在庫管理や生産計画立案といった供給サイドへの情報のトリガーとしての役割と並ぶ、重要な機能を紹介します。それが**デマンド（プランニング）ブリーフ（Demand Planning Brief）**です。

17.1　デマンドブリーフの3つのキーワード

　これは従来から知られている供給サイドへの連携に対し、マーケティングを中心とした需要サイドへの示唆提供となります。

　デマンドブリーフの目的は、マーケティング・営業部門に対し、需要予測ベースの市場変化の解釈を提示することで、常に先を見たアクションの検討を促すことです（Chase, 2016）。デマンドプランナーが需要データの分析と市場解釈をリードする意識を持ち（Ownership）、説明責任を果たすことによって（Accountability）、マーケティング・営業部門からの信頼を得ること（Trust）を目指します。この① Ownership ② Accountability ③ Trust の3つがデマンドブリーフを運用する上で重要となるキーワードとなります。

　2008年、世界的な消費財メーカーである P&G 社がこれと似たような機能を持つ市場分析の専門組織を設置したという話はありますが（上野, 2017）、デマンドプランナーがここまでの役割を明確に担っている日本企業はおそらくほとんどないでしょう。そして、マーケティング・営業部門がこの機能をカバーし、価値を生み出しているという例も聞きません。SCM のデマンドプランナーがこうした役割を果たしていくことで、メーカーの経営にとっては新たな価値を生むこと

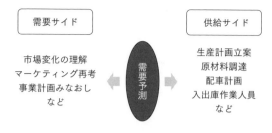

図17-1　需要予測が提供する2種類の価値

ができると考えています（**図17-1**）。

17.2　インテリジェンス機能としての需要予測

　デマンドブリーフは次の3つの項目からなります。これは Chase（2016）が提唱しているデマンドプランナーの Accountability と Ownership を踏まえ、筆者が実務経験から具体化したものです。

（1）デマンドプランの整理

　データドリブンの需要予測（Demand Forecast）をベースに、マーケティングの意思を加味した Demand Plan の根拠を整理し、可視化します。これにより、Demand Planning に関わるマーケティング、ファイナンス、営業部門などとのコミュニケーションをロジカルかつスピーディーにするのがデマンドプランナーの役割となります。デマンドプランの根拠を可視化するには、予測モデルの活用が有効です。

（2）デマンドプランのふりかえりとナレッジマネジメント

　定期的にデマンドプランと実績の誤差を分析し、そこからの知見創造をリードします。デマンドプランナーが解釈した予測誤差をベースに、関連部門とディスカッションし、後に活かせる知見として体系化します。こういった知見が活用できるようになると、予測精度は上がっていきます。筆者の経験では、半年程度先をターゲットとした予測精度で、10〜15％くらいの差になります。

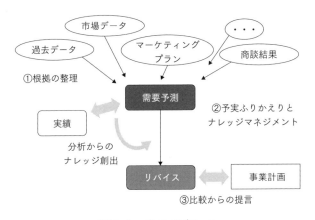

図17-2　デマンドブリーフ

（3）デマンドプランの更新と事業計画への提言

　市場変化を反映した最新のデマンドプランを管理すると共に、事業計画との乖離を可視化します。この時、コミュニケーションの相手によって、ブランド、事業、カテゴリーなど、切り口を変えてデマンドプランをサマライズして提示することが有効です。

　計画との乖離を様々な視点から提示することで、計画達成のためのアクションを促します。通常の予算管理では、四半期や半期など、特定の期間の実績が確定した後で、目標達成へのアクションを検討します。しかしデマンドブリーフは実績ではなく、最新の需要予測を基に、プロアクティブにアクション検討を促すことができるのです。

　つまりデマンドブリーフは需要予測をベースとした、事業計画達成のための支援ツールともいえます。支援のために、マーケティングの意思（Gut feeling）を数字で可視化し、それをデータ分析に基づいてふりかえり、市場変化とそれを踏まえた中長期の需要予測を提示するのです。これはインテリジェンス機能としてマーケティング、ひいては経営を支える非常に重要な役割といえるでしょう（**図17-2**）。

　デマンドブリーフをマーケティング・営業部門へ提示する場として、S&OPの前段階として設定されるミーティングが使われることが多いです。それはデマ

ンドレビューミーティングなどとも呼ばれますが、Sheldon（2006）は次のレビューポイントを挙げています。

・製品ファミリーごとの直近期間の予測誤差
・この先の予測の見直し
・生産計画へのリクエストの合意
・収益や利益への影響の確認
・新たな（マーケティング）アクションの確認

先述の3項目と同じような内容となっており、つまりは直近の予測誤差を踏まえた需要予測の更新と、品切れや過剰在庫リスクを踏まえた、新たなマーケティングアクションの検討です。これをリードするのがデマンドブリーフです。

17.3　市場変化の察知と解釈

　デマンドプランの整理と可視化については、基礎編、特に8章を中心に述べました。新製品の売上計画は、予測モデルを使ってマーケティングを要素分解し、定量的に表現して、過去実績などと比較してその妥当性を評価するということでした。一方で、過去データのある既存製品の需要予測では、基本的に統計予測を活用します。これを適切に行えている場合、予測の誤差は市場の変化を意味します。需要予測をロジカルに行っていない場合は、そもそも予測ロジックの問題であるといった議論になってしまうのですが、需要予測のロジックが論理的であれば、その誤差の要因は市場にあると考えることができます。つまり予測誤差を、市場が過去のトレンドから変化しているというシグナルとして解釈できるのです。
　これは特に、
・製品ごとの予測誤差の要因を分析する
・複数のブランド、カテゴリーを横断的に分析する
ことによって、市場の変化を適切に解釈することができます。分析とは比較であり、
（1）その製品の過去の需要との比較

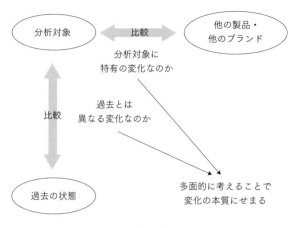

図17 - 3　分析とは比較すること

（2）他の製品の需要（またはその変動）との比較

という2種類の比較を行うことが需要データの分析といえます。

　こうした比較を通じて、客観的に市場変化を捉えることが可能になります（**図 17 - 3**）。9章で紹介した発売直後の需要予測でも似た考え方が出てきましたが、需要予測では時間と空間という概念での整理が有効である場合が多いと感じています。

　そしてこれらの比較を定量的に行うためのものが、前章で紹介した様々な予測精度指標となります。複数の予測精度指標を併せて予測誤差を解釈し、市場の変化を想像していきます。もちろん、数値データからの想像に加え、必要に応じて販売現場にヒアリングしたり、自身で市場に出て観察したり、データ分析を補足するための情報収集も必須です。

　こうしてデマンドプランナーが予測誤差の分析から解釈した市場変化をマーケターや営業担当者へ提示し、フィードバックをもらってブラッシュアップします。これを整理したものがデマンドブリーフの一要素となります。

17.4　予測と計画の乖離の可視化

　こうして認識した市場変化を踏まえ、需要予測を更新します。ここで役立つのが、15章で紹介したアラート機能です。アラート機能によって、早期に市場変化

を察知することができるため、需要予測の更新スピードが上がります。アラートマネジメントとデマンドブリーフを組み合わせることで、企業内で最も早く市場変化を察知し、それを踏まえたこの先の需要の見通しを関連部門へ提示することが可能になります。これこそが需要予測の戦略的活用であり、実現できれば経営において大きな価値を生むことになるでしょう。

　そして、この最新化した需要予測と事業計画を比較します。企業全体での比較を行う場合もありますが、基本はよりアクションの実行につながりやすい、より細かな単位での比較になります。例えば事業ごと、ブランドごとといった切り口が挙げられます。

　ここで需要予測と事業計画に乖離が発生することが普通です。なぜなら事業計画は年度や期の初めに立案されているため、直近の市場変化を加味した需要予測とは、ずれてくるからです。そこで、この乖離が大きな事業やブランドについては、さらに細かい切り口で需要予測と事業計画を比較します。例えば、主力製品、新製品、カテゴリー別といった切り口が考えられます。

　こうして乖離の主要因を特定することによって具体的な問題点を考えることができ、それを改善するためのマーケティングアクションの検討につながっていくのです。この時、品切れや過剰在庫のリスクも併せて数字で提示できるとより効果的でしょう。先述のSheldon（2006）が挙げたレビューポイントの「収益や利益への影響」とはこれに該当します。

　これらデマンドブリーフを構成する、予測誤差の分析、マーケティング・営業部門からのインプットの定量的な解釈、需要予測の更新、事業計画との乖離の分析といった各アクションは、常にデータ分析を伴うものです。よって、デマンドブリーフを作成するデマンドプランナーには専門的なスキルが必要になります。

　これは10章で挙げた3つのスキル、①統計学の知識、②データ分析スキル、③コミュニケーション力です。これら3つのスキルは、ただ実務経験を積んでもなかなか育てることはできません。これが必要だと本人が意識してまなぶこともちろん重要ですが、同時に、組織としてこういったスキルを育成するしくみを設計することが非常に重要です。この後の2章では、本書の締めくくりとして、こういった需要予測スキルを継続的に育成するための組織・人材について整理したいと思います。

コラム ミクロフォーキャストとマクロフォーキャスト

　本書では主に、SKU別や製品ファミリー別の細かな需要予測を対象に、知見や事例を整理しています。筆者はこれをミクロフォーキャストと呼んでいます。一方で、デマンドブリーフでは事業全体やブランド全体など、より大きな単位での需要予測も重要になります。これを**マクロフォーキャスト**と呼んでいます。ちなみにこれは標準的な概念ではなく、筆者独自の区分けです。

　デマンドブリーフでは、中長期の需要予測を解釈しますが、これはSKU別の予測の積み上げであり、中長期では高い傾向があります。これには次の2つの理由があります。

・発売前のSKUの需要予測が高い
・新製品発売による需要のカニバリが少なく見積もられている

　発売前の需要予測は、目標の影響を受けるため、高い傾向があります。また、新製品が発売になると、多くの場合で企業内、ブランド内でカニバリが発生します。カニバリとは、顧客に提供できる価値の類似による、需要の奪い合いのことです。この程度を事前に予測することは難しく、既存製品の需要予測が高い一つの要因になっています。

　業界によりますが、新製品の売上構成比が30％程度の企業であれば、半年以上先のSKU別需要予測の積み上げは、10〜15％程度は高い場合が多いでしょう。中長期の需要予測を解釈する場合は、これらに留意しなければなりません。

　そのためデマンドブリーフでは、①SKU別需要予測の積み上げ、②事業計画に加え、第3のフォーキャストとして、事業単位やブランド単位での需要予測があることが理想だと考えます。これが**マクロフォーキャスト**です。

　マクロフォーキャストは、市場環境や気象条件といった、マクロ環境の影響をより大きく受けます。また、発売される新製品の属性や、投資の規模感など、企業サイドのアクションの影響も受けます。もちろん、ミクロフォー

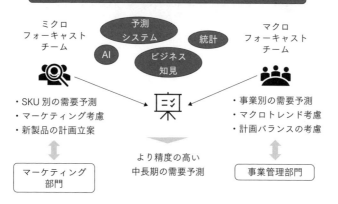

図17-4　ミクロフォーキャストとマクロフォーキャスト

キャストでも同様の要素が需要に影響しますが、統計分析を行うと、その度合いは大きく異なることがわかります。そのため、SKU 別のミクロフォーキャストとは別で、マクロフォーキャストを行う意味があると考えます。

　こうして3種の数字を比較することができると、デマンドブリーフにおける中長期の需要予測の解釈の精度が高くなります。マクロフォーキャストは社外データをより考慮する必要があることから、AI を使うのも有効かもしれません。

　SKU 別とは異なる角度から需要を予測するということで、これも多面的思考の一つといえます（図17-4）。

参考文献

Chase, C. W.（2016）*Demand-Driven Planning: A Practitioner's Guide for People, Process, Analytics, and Technology*, John Wiley & Sons.

Sheldon, D.（2006）*World Class Sales & Operations Planning: A Guide to Successful Implementation and Robust Execution*, J. Ross Publishing.

上野善信（2017）「第13回サプライチェーン解剖　米プロクター・アンド・ギャンブル SCM 先進企業のビッグデータ活用」『月刊ロジスティクス・ビジネス』16(11), 60-63.

第18章

知を継承する需要予測組織

　ここからの２章では組織とスキル（人材）の観点から、需要予測を長期的に高度化するためのアイデアを紹介します。組織と人材は経営学でも非常に重要な領域と認識されていて、多くの研究が行われてきました。そこで本書では、需要予測の組織やスキルに関する海外の書籍や論文と、組織や人材をテーマとした経営学の理論を掛け合わせて考察します。まずは組織です。

18.1　独立機能である必要性

　ここまででも何度か、需要予測を専門的に担うデマンドプランナーの所属する組織については触れてきました。需要予測の研究が盛んな海外の書籍に整理されている内容と、筆者の150社を超える独自調査の結果は一致していますが、デマンドプランナーは多くの企業でSCM部門に所属しています。この最も合理的な理由は、認知バイアスを受けにくい組織の独立性といえそうです。

　これは一般にゲームプレイング（Game Playing）と呼ばれることは10章で述べましたが、予測精度以外のKPIを持つ人が需要予測に参加する場合に発生するといわれます。具体的には次のような思考が挙げられています（Moon, 2018）（図18 - 1）。

・需要予測によってノルマが決まってしまう
　（低い予測を提示し、自分の成果を高く見せようとする）
・需要予測を高く提示すれば、在庫を多めにもらえる
・需要予測が低いと新製品開発プロセス（New Product Development Process）
　を通らない

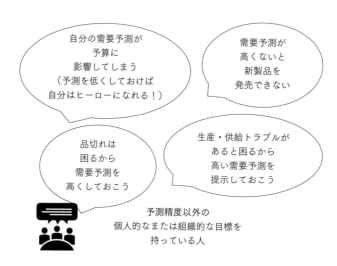

図18 - 1　ゲームプレイングの例

・後工程が十分な量供給できるように、高めの需要予測を提示する
　（これは Uncommitted Commitments と呼ばれる）

　もう一つ、需要予測を担う組織の独立性が重要である理由があると考えています。それは、**カウンターフォーキャスト**の意義です。

　1章でも少し紹介しましたが、需要予測や売上計画に関連し、ワンナンバーというフレーズがあります。これは企業内のあらゆる計画を統合するという意味で、S&OP とセットで語られることもあります。しかしこれには海外でも賛否両論あるようです。需要予測や販売計画、事業計画、財務計画などが統合されていると、SCM は迷いなく動けるかもしれません。一方で、これには次の2つの懸念があると筆者は考えます。

（1）計画統合のための過大な業務負荷
（2）統合計画の客観的な妥当性評価の困難さ

目的や粒度が異なる複数の計画を統合するには多くの時間や人が必要です。また、それ自体は目的ではないものの、この手段が目的化した事例もみてきました。

さらに、計画が一つしかないとその妥当性を評価することが難しくなります。企業の目標としての事業計画や販売計画があり、市場トレンドやデータ分析ベースの需要予測もあることで、目標達成に向けた状況を客観的に把握することが可能になります。これがカウンターとしての需要予測（カウンターフォーキャスト）の意義です。

　このためには、売上目標から独立した組織が需要予測を担うべきであり、そこには売上目標のカウンターとなる客観的な需要予測の提示を求めることが有効になります。ここでデマンドプランナーは、他部門とのコミュニケーションから、需要に影響する様々なインプットを得なければなりません。

18.2　需給調整におけるエージェンシー問題

　一部の企業では、人員の都合もあり、マーケターや営業担当者、生産計画担当者などが需要予測を兼務している場合もあります。意識の上で需要予測の独立性を確保することは不可能ではないかもしれませんが、人の情報処理キャパシティ的に、こういった組織で需要予測を高度化していくのは難しい可能性が高いといえます。3章で紹介した限定合理性の観点からも、一人または一つの部門が、様々なミッションを同時に抱え、それらすべてで最大のパフォーマンスを出すことはまず不可能と考える方が現実的でしょう。

　よって組織は分業体制となり、効率的に最大のパフォーマンスを発揮しようとするものです。分業体制の一つの大きなメリットは、専門スキルが育ちやすいことです。これにより部分ごとのパフォーマンスが、そうでない場合よりも高くなるといわれています。こういった限定合理性を踏まえた観点からも、デマンドプランナーを専任とする組織設計の必要性がわかると思います。

　しかしこうした分業体制の組織では、**エージェンシー問題**（Agency Problem）に気をつけなければなりません。エージェンシー問題とは、意思決定の主体であるプリンシパルとその代理実行者であるエージェントという2者の関係性を前提とします。ここで、

・情報の非対称性（エージェントの持つすべての情報をプリンシパルが把握できない）
・目標の不一致（両者で目指すところが異なる）

がある場合、エージェントがプリンシパルの意図とは異なる行動を取るようになるという、モラルハザードが発生します。さらにこれは、感情的な行動ではなく、合理的な行動の結果起こるということです。この理論に興味を持たれた方は参考文献に挙げた英語の論文（Argote & Miron-Spektor, 2011）か、日本語でわかりやすく解説された入山教授の著書をご一読ください（入山, 2019）。**エージェンシー理論（Agency Theory）**では、このモラルハザードに対し、
・プリンシパルによるモニタリング
・エージェントのインセンティブ
という2つのしくみを導入することで情報の非対称性と目標の不一致を解消し、問題を解決できるとされます。

　単純な例を挙げると、売上を KPI に持つ営業部門と、在庫金額を KPI に持つ SCM 部門では、目標が不一致となります。また、仮に SCM 部門を、生産を決める権限があるプリンシパルとし、営業部門を、在庫の販売を担うエージェントと考えてみましょう（どちらが上ということではありません）。

　営業部門の販売計画の根拠は SCM 部門では正確に把握できず、その妥当性の判断は難しくなります。これは情報の非対称性です。この場合の営業部門は、売上予算達成のために品切れは極力抑えたいため、生産は多い方が安心です。よって、根拠は曖昧のまま、実勢よりも高い販売計画を SCM 部門へ提示することが合理的となります。

　結果、在庫が過剰になり、最悪の場合は不必要な供給能力増強が実施されてしまいます。これがモラルハザードです。この解決のために、販売計画を要素分解する予測モデルを活用したり（プリンシパルによるモニタリング）、在庫回転率（在庫と売上の関係性）を2部門共通の KPI としたりすることで（エージェントのインセンティブ）、このモラルハザードの解決を目指すということです。これはエージェンシー問題を説明するために組織の役割分担を単純化しましたが、現実にこれとよく似た例はみられます。

　経営理論はこのように問題を構造化し、解決のための思考の軸として活用することができます（入山, 2019）（**図18-2**）。

図18 - 2　需給調整におけるエージェンシー問題

18.3　組織学習で蓄積する予測知見

　KPI が独立した需要予測の専門部隊を設置できたとして、次に考えるべき組織的な課題は、知見の蓄積と継承です。スペシャリスト集団ができたとしても、その高いパフォーマンスを長期的に維持するためには、組織学習が必須です。個人の育成ではなく、組織として知見を蓄積し、中の人が変わってもパフォーマンスを落とさないような組織学習のしくみを設計することが必要になります。

　組織学習は次の3つのステップからなります（Argote & Miron-Spektor, 2011）。

◆組織学習の3ステップ

（1）知見の創造（Knowledge Creation）

（2）知見の蓄積（Knowledge Retention）

（3）知見の移転（Knowledge Transfer）

これを需要予測の文脈で解釈すると、次の通りとなります。

（1）需要予測と実績の乖離、つまり予測誤差を振り返ることによって、

・何が需要予測に影響するのか

・それはどの程度なのか

・それはどれくらいつづくのか

といった知見を定量的なデータと共に整理することです。

（2）分析によって創造した知見を体系的にデータベースに蓄積することです。この時、後で検索しやすいようなラベルづけも重要となります。

（3）例えば新任のデマンドプランナーが蓄積された知見を使えるようなマニュアルを整備することが挙げられます。これは単にシステムの使い方（How）を説明するものではなく、需要予測の概念（What）やマインド、知見の解釈（Why）なども伝えられるものでなければなりません。さらに一度作成したら終わりではなく、定期的にリバイスされる必要もあります。

これらをしくみとして組織に埋め込むことが重要です。

18.4 暗黙知の継承

この需要予測の組織学習のしくみにおいて、前節（2）知見の蓄積はIT部門の理解と協力があれば進めることができるでしょう。前節（3）知見の移転には、チームメンバーの意識の醸成が必要です。継続的にマニュアルをリバイスするためには、KPIによる評価での工夫が有効かもしれません。具体的には、デマンドプランナーとしてステップアップするために、後任の育成を一つのハードルとして設定し、そこにマニュアルの更新も紐づけるといったものです。

そして組織のしくみとしての定着が最も難しいのは、前節（1）知見の創造です。知見の創造にフォーカスした経営理論は野中郁次郎一橋大学名誉教授が提唱しています（Nonaka, 1994）。野中教授は**知識創造理論**の中で、次の4つのステップで創造の過程を表現しています。

◆知識創造の4ステップ

（1）Socialization（暗黙知→暗黙知）

共通の体験を通じて、暗黙知が伝達されるプロセス。ビジネスでは OJT（On the Job Training）がこれに該当するとされています。

（2）Externalization（暗黙知→形式知）

まなんだ暗黙知を文字や絵などで表現するプロセス。このプロセスでは比喩（Metaphor）の活用が有効とされます。

（3）Combination（形式知→形式知）

表現した形式知をミーティングや対話などによってブラッシュアップし、整理するプロセス。

（4）Internalization（形式知→暗黙知）

システムやしくみに埋め込まれた形式知からまなび、暗黙知とするプロセス。このプロセスでは行動（Action）が重要になります。

そしてこの4つの過程がくり返されていくことで、組織として知識を創造することができると述べています。

　ここで需要予測の暗黙知とは、需要予測で有効になる感覚のことと解釈しています。これまでにも本書で度々述べてきましたが、需要を予測する市場における、消費者の購買行動やその背景、自社のマーケティングプロモーションの効果や競合企業の反応などが想像できるということです。これは需要データの分析をくり返していくことで身につき、その精度も高くなっていきます。

　一方、需要予測の形式知とは、例えばこういった書籍やマニュアルがそれにあたります。暗黙知を一般化、体系化したうえで、文字や絵で表現したものになります。

　これらを踏まえ、野中教授の知識創造理論（4つのステップの頭文字をとってSECI 理論と呼ばれます）を使って、需要予測の組織学習のしくみを提案します。

（1）Socialization の場づくり

　デマンドプランナー、マーケター、営業担当者など、需要予測に関わる各領域のプロフェッショナルで暗黙知をぶつけ合う場を設定します。これは定期的に行われるようにする方が良く、例えば新製品需要予測のふりかえりを、時期を決めて必ず実施する、などといった案が考えられます。暗黙知をぶつけ合うことで新

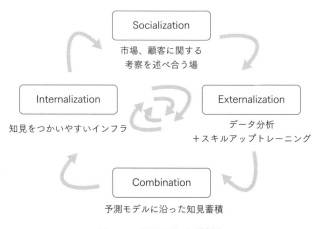

図18 - 3　需要予測の知識創造

たな知見が生まれ、同時に知見を整理することもできます。

（2）Externalization のトレーニング

　つづいて、暗黙知のぶつけ合いでブラッシュアップした知見を、定量的に評価します。具体的にはマーケティングプロモーション効果を数字で評価する、といった例が想像しやすいと思います。ここで必要になるのがデータ分析スキルです。統計学の知識もあるとより効率的になるでしょう。よって、需要予測の暗黙知を形式知化するためには、データ分析スキルをトレーニングすることが必要になります。

（3）Combination のモデルづくり

　需要予測の形式知は未来に活用できるように、体系的に残すべきものです。ここで有効になるのが予測モデルです。8章でも述べましたが、統一的な予測モデ.ルがあることで、それに沿って知見を体系的に整理することができます。つまり、需要予測のモデルは、「形式知を整理して残す」という意識を持って設計することが必要になります。

（4）Internalization の環境づくり

　そして形式知として残された需要予測の知見は、後で別の誰かによって使われなければ価値が生まれません。よって、蓄積された知見が使われやすい環境、つまりシステムを用意する必要があります。同時に、蓄積された知見を使うという意識をデマンドプランナーの間で醸成することも必要になります。これには学習

意欲、つまりモチベーションが重要になりますが、デマンドプランナーのモチベーション管理については次章で取り上げます。

　これら4つのステップがしくみとしてくり返されるようになって、組織の中で需要予測の知見が創造されていくのです。人の認知能力には限界がありますが、組織として分業し、スペシャリストたちが知見を創造するしくみを設計することで、長期的に需要予測の高いパフォーマンスを維持できると考えています（図18-3）。

コラム　デマンドプランナーのKPI

　需要予測の組織とともに考えるべきなのは、デマンドプランナーのKPIです。これは16章で紹介した予測精度指標で設定します。しかし実際は、多くの企業でKPIにはされていないようです。

　この理由は、そもそも組織として予測精度をモニタリングしていないことです。筆者が担当している需要予測講座の受講企業では、9割程度が予測精度を測定していませんでした。予測精度を向上させるためだけでなく、デマンドプランナーのモチベーション管理のためにも、予測精度をKPIとして設定することは有効です。

　それでは具体的に、どのような精度指標をKPIとするのが良いのでしょうか。これも精度と速度の両面から検討するのがおすすめです。

（1）精度指標（Accuracy KPI）
　生産調整や原材料調達のリードタイムに合わせたMAPEや誤差率分布です。2ヵ月先の生産調整を行っている企業であれば、2ヵ月先の需要に対するMAPEでKPIを設定します。グローバルにビジネスを展開している企業であれば、各国でタイミングを合わせることも有効です。国ごとに生産調整や原材料調達のリードタイムは異なる場合が多いでしょう。それでも世界でタイミングを統一することで、予測精度の比較、分析をすることができます。
　また、担当する事業やブランド、カテゴリーによって需要予測の難易度が

Accuracy KPI	Agility KPI
2ヵ月先の需要予測の MAPE 4ヵ月先の MAPE	1ヵ月先の MAPE

表18 - 1　2種類の需要予測 KPI の例
注：月単位で需要予測を実施・生産調整 LT（リードタイム）は
　　2ヵ月・原材料調達 LT は 4ヵ月の場合

異なることに留意する必要があります。新製品の発売頻度が多ければ、需要予測は難しくなります。化粧品では、カラーバリエーションがあるメイクアップカテゴリーの需要予測が難しく、これは他の業界でも同様だと考えられます。

（2）速度指標（Agility KPI）

　直近の需要予測の MAPE や誤差率分布です。週単位で需要予測を行っている企業であれば、1週間前の需要予測が対象となります。これは、市場変化やマーケティング変更をアジャイルに予測に反映できているかを測定するものです。

　このタイミングの需要予測は、生産調整には使えない場合が多いです。しかし筆者の分析では、1ヵ月先と9ヵ月先の予測精度の相関係数は0.9と極めて高く、足元の精度を高めることが中長期的な精度も高めると考えています。なぜなら直近の市場変化を踏まえて需要予測を更新することが、結果として中長期の予測精度も高めるからです。

　このような2種類の予測 KPI を設定することで、組織として需要予測をマネジメントしていくことが有効になると考えています（表18 - 1）。

参考文献

Argote, L., & Miron-Spektor, E.（2011）"Organizational learning: From experience to knowledge," *Organization Science*, 22(5), 1123-1137.

Eisenhardt, K. M.（1989）"Agency theory: An assessment and review," *Academy of management review*, 14(1), 57-74.

Moon, M. A.（2018）*Demand and Supply Integration: The Key to World-Class Demand*

Forecasting, Second Edition, DEG Press.

Nonaka, I. (1994) "A dynamic theory of organizational knowledge creation," *Organization Science*, 5(1), 14-37.

Simon, H. A. (1956) "Rational choice and the structure of the environment," *Psychological Review*, 63(2), 129-138.

入山章栄（2019）『世界標準の経営理論』ダイヤモンド社.

第19章

需要予測のプロフェッショナル人材

　本書最後の章は、需要予測のスキルについて、デマンドプランナーの育成という観点を含めて整理します。需要予測に必要なデータを創造し、予測モデルを考案し、予測システムを使いこなし、予測チームを精度ドリブンでマネジメントするのは人です。そういった専門的な人材を育てるために独立組織を設計する必要があり、需要予測で最高のパフォーマンスを発揮するためには、最終的に人が重要になるのです。それが需要データ分析のスペシャリスト、デマンドプランナーです。

19.1　需要予測のスキル定義と教育

　需要予測の（中長期的な）精度が悪化する要因は大きく2つあり、それはデマンドプランナーが所属する企業からみた外的要因と内的要因です。外的要因とは、例えば免税対象品目の拡大や消費増税といった国の規制・法律等の変更や、為替レートの変化、ウイルスの感染拡大などのことです。このような外的要因によって、消費者の購買行動が想定外に急激に変化し、需要予測の精度が悪化します。これは一企業がコントロールできるものではなく、むしろ需要の変化にいかに早く気づき、予測をリバイスできるかに注力すべきものといえます。本書で何度も登場した、需要予測のアジリティで対応すべきです。

　一方で内的要因とは、企業内の環境変化によるものです。それは供給能力の変化かもしれませんし、社内のシステムやしくみの変更かもしれません。供給能力による制約は需要を制限するため、予測精度を悪化させますし、システムやしくみの変更は基本的に、予測精度を（うまくいけば一時的に）悪化させます。そし

て内的要因の中でも特に需要予測の精度を悪化させる要因となるのが、人の異動です。

　人の異動や退職によるパフォーマンスの低下を引き起こさないよう、業務の標準化が目指されます。しかし専門性の高い業務においては、人とパフォーマンスを切り離すことはおそらく不可能でしょう。これは AI を導入しても難しいことは11章で述べた通りで、ビジネスの中で AI を有効活用するにはプロフェッショナルの知見が必要だからです。そこで本書が前章で提案したのが需要予測の組織学習のしくみ設計でした。そして組織学習のためには、その中にいるプロフェッショナルの継続的な育成がセットになります。

　需要予測のプロフェッショナルであるデマンドプランナーには、統計学の知識、データ分析、コミュニケーション力という３つのスキルが必要であるということはすでに述べました。そしてこれらを具体的な詳細項目に落とし、チェックするリストを作成することが有効になります。2018年に上梓した、初級デマンドプランナーのための『需要予測の基本』（山口, 2018）に一般化したリストを掲載していますが、先述の３つのスキルを各企業のオペレーションに合わせ、具体的にアレンジして活用します。

　これはスキルセットやジョブディスクリプションなどと呼ばれ、マーケターなど日本でも広まっている職種では定義されていることも多いです。しかしデマンドプランナーのスキルセットは、多くの企業でまだ定義されていないのが実態です。組織としてプロフェッショナルを育成するためには、まずはこういったスキルセットを、具体的にチェックリストなどで表現することが必要になります。

　同時に設計すべきはトレーニングプログラムです。需要予測のトレーニングプログラムが設計されている企業は多くありません。これは海外でも同様の傾向があります。その原因はマニュアルの内容にあります。海外でも需要予測のマニュアルというと、それはほぼ予測システムの使い方（How）だけが記述されたものを指します。よって、マニュアルに沿ったトレーニングプログラムもシステムの使い方に寄りがちになり、デマンドプランナーを育成するためには不十分なものになります。現実のビジネスにおける需要予測で重要なのは How ではなく Why といわれており（Moon, 2018）、筆者はさらに What だと考えています（**図**

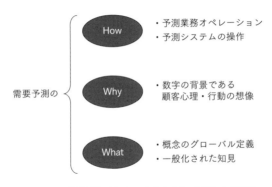

需要予測の {
- How ・予測業務オペレーション
・予測システムの操作
- Why ・数字の背景である
顧客心理・行動の想像
- What ・概念のグローバル定義
・一般化された知見

図19 - 1　需要予測では How よりも Why や What が重要

19 - 1 ）。

　筆者は需要予測システムの設計や業界横断のビジネスセミナーを通じて、デマ
ンドプランナー教育に携わってきました。そこで感じたのが、How を求める人
は成長が遅いという事実です。グローバルで標準とされている概念の定義や知見
（What）、データ分析の考え方や需要予測の意義（Why）、そういったものを理
解しようと意識を広げられる人がスピーディーにエースプランナーへ育っていき
ました。そういった人たちの要望に応えるために『需要予測の基本』を執筆しま
した。本書はさらに広く深く需要予測の What と Why を学べるように書いてい
ます。ビジネス関連の書籍から学べる内容は、読む人の知識、マインドにも比例
します。そういった意味でも需要予測の How ではなく What や Why を読み取
ってください。

　各企業のマニュアルにもこうした What や Why を取り入れることが必要で
す。トレーニングプログラムも What や Why を伝えられるものにしなければな
りません。具体的には、予測システムの使い方だけでなく、
・需要予測理論のまなび
・需要データ分析の実践的な演習
・需給コミュニケーションや S&OP に関するケーススタディ
といったトレーニングもプログラムに取り入れています。

　デマンドプランナーを組織として育成するのであれば、
（1）デマンドプランナーのスキルセットの定義
（2）How だけでないマニュアルとトレーニングプログラムの設計

が必要であると考えています。

19.2 デマンドプランナーの正式認定

　そしてさらに重要なのが、デマンドプランナーのモチベーションと職種としての人気です。いくら組織として環境を整えたところで、デマンドプランナーになりたいという人が集まらなければ成長は期待できません。ここで重要になるのがモチベーションです。モチベーションは経営学でも研究が盛んな一領域ですが、早稲田大学の入山教授が整理しているところによると、モチベーションは行動の①方向性、②熱量、③持続性に影響するものです（入山, 2019）。

　筆者は大学での講義や就活イベントで、デマンドプランナーというしごとの魅力を伝えようとしてきました。「デマンドプランナーのしごと」といったテーマで基礎的な理論と実務における事例を紹介しているのですが、冒頭で質問してもデマンドプランナーという職種を知っている学生はほぼいません。しかし講義後の質問やアンケート結果から、かなり多くの学生に興味を持ってもらえたことがわかりました。需要予測は認知度が低いだけで、これから十分に人を集められる魅力的な仕事なのです。

　そして需要予測に興味を持った学生の方々がデマンドプランナーを志望して入社してくるようになってきました。そのため、迎え入れる企業としても先述のスキルセットやマニュアル、トレーニングプログラムを設計しておくべきなのです。加えて必要な企業サイドのアクションが、デマンドプランナーという職種の正式認定です。

　ブランドマネージャーやマーケターという言葉はみなさんもよく耳にすることでしょう。同様に、デマンドプランナーも正式な専門職として認め、スキルセットに応じて例えば、ジュニアデマンドプランナー、シニアデマンドプランナー、プランニングマネージャーなどとステップアップしていくしくみがモチベーションの向上には有効だと考えています。

　経営学の研究では、モチベーションは**外発的動機（Extrinsic Motivation）**と**内発的動機（Intrinsic Motivation）**に分けることができるとされています（Steers, Mowday, & Shapiro, 2004）。外発的動機とは成果から得られる報酬や評価といったものを目指す気持ちであり、内発的動機とは自分が楽しいからやると

いった気持ちです。そして内発的動機の方が、持続力があって強いものだというのが学者間のコンセンサスだそうです。ここで提案したデマンドプランナーの正式認定は、外発的動機を高める一つの施策といえるでしょう。内発的動機と外発的動機を適切にマネジメントすることができれば、デマンドプランナーになりたいと思う人が増えるはずであり、人が増えれば研究が盛んになり、企業を越えてこの領域が進化していくと考えています。そして内発的動機づけに有効なのが、**フォーキャスティングチャンピオン（Forecasting Champion）**というロールモデルです。

19.3　デマンドプランナーのロールモデル

　ロールモデルとは、その道で成功している人物のことです。そういった人物が近くにいると、「自分もそうなれる」といった前向きな気持ちになり、自己効力感が高まって、内発的動機も高くなると考えています。海外の書籍では、こういった人物はフォーキャスティングチャンピオンと呼ばれ、部門を越えて、需要予測ドリブンで SCM の価値を向上させるアクションをリードしている人と定義されています（Moon, 2018）。

　フォーキャスティングチャンピオンはデマンドプランナーの実務をマネジメントすると同時に、将来に向けた需要予測の組織設計の提案もします。需要予測の精度を中長期に向上させるため、企業を越えて知見を探し、先端技術を積極的に試したり、新しい予測モデルを考案したり、それが成果を出せばシステムに落として業務標準としていくことを目指します。その過程で社内の IT 部門や研究部門だけでなく、協力会社、さらに異なる業界やアカデミック界にもアクセスすることで、需要予測の高度化を追求していく人物です。

企業としてはそういった人物を育てることが有効になります。

モチベーションをマネジメントするという発想を持って、

・デマンドプランナーのスキルセットの定義
・マニュアルとトレーニングプログラムの設計
・デマンドプランナーの正式認定
・フォーキャスティングチャンピオンの支援

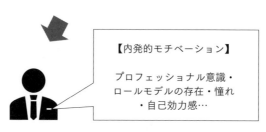

図19 - 2　２種類のモチベーション管理

といった環境をデザインしていくことで、需要予測のスキルが育ち、かつ人が入れ替わってもパフォーマンスを高く維持できるスペシャリスト集団を構築することできると考えています（**図19 - 2**）。

19.4　デマンドプランナー育成の経営的な効果

スキルアップのための教育には投資が必要です。時間もかかります。そのため、効果を定量的に試算することが有効です。筆者は経験と分析から、需要予測のスキルアップによって、予測精度は10％向上できると認識しています。根拠は２つあります。

2014年の免税対象の拡大以降、訪日外国人の需要が急拡大したブランドがあります。売上規模で約1.6倍になりました。このブランドは売上規模が大きく、新製品の発売が多いことから、もともと需要予測の難易度は高めでした。インバウンド需要が急拡大する前は、数ヵ月先のSKU別のMAPEは約20％でした。新製品も含めてです。

これが2014年の後半以降、40％程度まで悪化しました。この水準は２年近くつづき、品切れや過剰在庫が増加しました。そこで、統計的な需要予測とデータ分析を熟知したデマンドプランナーがこのブランドを担当することになりました。結果、MAPEは30％前後まで改善し、その水準は３年以上つづきました。

インバウンド需要に関するデータが蓄積された効果もありますが、それを統計

的に分析し、需要予測に活かすことができた結果です。この事例から、デマンドプランナーのスキルによって10％程度の精度差がある可能性があるといえます。一方で、インバウンド需要の拡大によって市場の不確実性が増したため、それ以前よりも10％は需要予測が難しくなったといえるでしょう。

　また、筆者は数年間で発売された１千以上のSKUについて、その属性と予測精度の関係性を分析しました。この需要予測は発売前時点を対象としています。目的は、どんな条件だと需要予測が難しくなるかを定量的に評価することでした。新製品のカテゴリーやマーケティングプロモーションの内容、リニューアルかどうかなどを説明変数化し、予測誤差率を被説明変数として重回帰分析を行いました。この時、コントロール変数にデマンドプランナーを入れたのですが、これが有意水準１％で統計的に有意であることが示されたのです。この分析から、スキルの高いデマンドプランナーは最大で９％、新製品の予測精度を高くできる可能性があることがわかりました。

　学術的な妥当性を検証するにはデータが少ないですが、この２つの事例から、デマンドプランナーのスキルによって10％程度は誤差率を低くすることができると考えています。これを基に、経営的な効果をおおまかに試算してみましょう。これから示す考え方は、予測精度の向上を経営的な効果に変換する一つの方法として使えます。

　売上規模が年間で100億円のブランド（または事業）を想定します。このブランドにおいて、需要変動の方向性は、上ブレ：下ブレ＝４：６とします。これは多くの製造業において、人の意思が反映される需要予測は高い傾向があることを踏まえています。この場合、10％の予測精度改善は、売上ベースで６億円分の在庫削減につながります。

　　売上規模100億円×予測精度改善10％×需要の下ブレ構成比60％ ＝ ６億円

　このブランドにおける平均的な原価率を30％とすると、在庫削減の経営的な効果は1.8億円と試算できます。損益には、これが除却された場合に影響します。しかし、在庫を保有することによって発生する保管費がありますし、不要な分を生産しなければ、このコストを他へ投資できたはずです。

1年分の生産の途中で、需要変動を受けて生産調整をするはずなので、ここまでの効果にはならないという意見もあるかもしれません。しかし、その調整にもコストがかかっています。さらに、上記試算には品切れによる販売機会の損失抑制分を含めていません。これは機会損失の定義の問題や、在庫計画の精度などの需要予測以外の要因の影響が大きいため、大まかな試算の対象からは除いています。実際は、需要予測の精度が向上すれば、確実に効果はあるはずです。

　需要変動の方向性や原価率はビジネスモデルによって様々ですが、おおまかにでもこのような試算をすることで、予測精度向上を経営的な効果へ変換することが重要です。年間100億円の売上規模のブランドで1.8億円の効果であれば、少なくないといえるでしょう。

　需要予測の精度向上を目指すなら、高度なロジックやシステムの導入だけでなく、同時にプランナーのスキル育成に投資することも重要なのです。

参考文献

Moon, M. A.（2018）*Demand and Supply Integration: The Key to World-Class Demand Forecasting, Second Edition,* DEG Press.

Steers, R. M., Mowday, R. T., & Shapiro, D. L.（2004）"The future of work motivation theory," *Academy of Management Review,* 29(3), 379-387.

入山章栄（2019）『世界標準の経営理論』ダイヤモンド社.

山口雄大（2018）『この1冊ですべてわかる　需要予測の基本―SCMとマーケティングを劇的に変える』日本実業出版社. ＊2021年に新版刊行.

おわりに
──理想の需要予測オペレーション──

　本書を最後まで読んでいただき、ありがとうございました。最後に、筆者がたどりついた理想の需要予測オペレーションを整理し、本書の結びとしたいと思います。これはもちろん、全業界で通用する唯一の答えではないと思います。しかし、

・化粧品と日用雑貨品の様々な価格帯、カテゴリーの需要予測の実務経験からまなんだこと
・世界で発表され、専門家たちの間で議論されてきた知見
・他業界の需要予測にコンサルティングやアドバイザーで関わった経験
・需要予測だけでない SCM のプロフェッショナルの方々と行ってきた議論

なども踏まえ、たどりついた一つの答えです。
　これを基に、各社のビジネスモデル（特に在庫のデカップリングポイントや調達・生産のリードタイムなど）や戦略（どの領域での競争優位性を目指すか）、扱う SKU 数などに合わせてアレンジいただければ、十分に有効活用できるものであると信じています。
　まずは全体像の絵を示します（**図終 - 1**）。
　デマンドプランナーは①統計学の知識 ②データ分析 ③コミュニケーション力のスキルを持ち、専門的な需要予測システムを使いこなします。その予測システムには基本的な時系列モデルが搭載されていますが、需要予測オペレーションをマネジメントするための機能も実装されています。例えば需要予測の単位を、扱う商材の需要特性に合わせて SKU 別にもファミリー別にも設定できます。このファミリーは、デマンドプランナーの目線で設定することが可能です。また、複数の予測精度指標もクリック一つで算出することができ、過去数年に遡って需要予測のパフォーマンスを確認することができます。需要変動のアラート機能もあり、デマンドプランナーは基本的にそれに基づいて需要予測を効率的に行います。
　デマンドプランナーの KPI は、需要予測の精度（Accuracy）に関するものだ

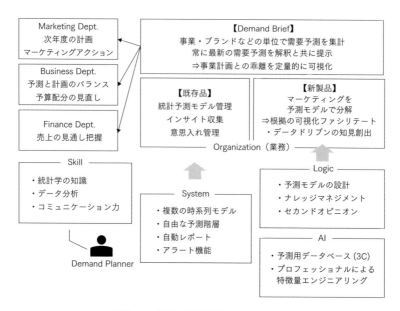

図終 - 1　理想の需要予測オペレーション

けでなく、アジリティ（Agility）に関するものも設定されています。具体的には、原材料の調達や生産のリードタイムに合わせたものだけでなく、一度需要が変動した製品については、どれだけ早く適切に修正できたかも評価の対象となっています。

新製品の需要予測については、デマンドプランナーは予測モデルを設計し、マーケティング、営業部門とのコミュニケーションをリードすることで、ナレッジマネジメントを推進します。マーケターや営業担当者に適切に質問することで、プロモーションに関する意思を数字で可視化すると共に、データ分析でそれを支援します。一部の先進的なデマンドプランナーは、AIといった先端技術も活用し、複数の予測モデルで"幅を持った"需要予測を行います。こういったセカンドオピニオンも活用することで、サプライチェーン全体で品切れや過剰在庫といった経営的なリスクをヘッジします。

需要予測 AI の有効活用のためには、データマネジメントが重要です。AI の学習データをビジネス環境の変化も踏まえて、半永久的にセンシングしなければなりません。そのために、デマンドプランナーは AI による予測結果をふりかえ

り、実績との乖離の要因を考えることで、マネジメントすべきデータを考えつづけています。

　これを製品の方から整理します。既存製品については、基本的には統計的な予測モデルで需要を予測する一方、モデルの管理はデマンドプランナーが行います。例えば過去の品切れ影響の補正や、外部環境の急な変化への対応です。また、未来のプロモーションを踏まえて、関係者による意思入れも管理します。根拠を明記し、実績が確定した後でその効果検証をリードします。こうしてデマンドプランナー主導で既存製品の需要予測を行っていきます。

　一方、新製品については、開発はマーケティング部門が行い、営業部門含め、プロモーションが検討されます。よって、どれくらい売りたいか、という意思はデマンドプランナーが持つものではありません。デマンドプランナーの役割は、この意思を数字で分解し、過去の実績や他製品の計画などと比較することで、その妥当性の確認をファシリテートすることになります。この時、社外のマクロデータや調査データなども引用し、関係者が妥当性を議論しやすいように準備します。

　こうしてデマンドプランナーはSKU別の需要予測を管理していますが、それを適宜、事業単位やブランド単位、エリア単位などでサマライズして関係者へ提示します。コミュニケーションの相手に合わせ、それぞれが持つ計画との乖離を提示します。この乖離の解釈は、SKU別の需要予測の根拠を把握しているからこそ可能であり、数字と共に提供することがデマンドプランナーの重要な価値になります。

　これが整理されたデマンドブリーフが様々な部門に提示されますが、例えばマーケティング部門はこれを基にアクションを再検討したり、事業部門は計画の見直しや予算の配分を調整できます。ファイナンス部門は、事業目標よりも精度の高い売上や在庫の見通しとして活用することができるでしょう。

　この需要予測オペレーションのパフォーマンスのマネジメントは、**表終 - 1**のようなマトリクスで整理することができます。パフォーマンスのマネジメントとは、予測誤差を基に改善アクションを検討、実行することです。

マネジメントマトリクス	発売前	発売から1～2年以内	2年以上経過
	① コンセンサス		
マーケティングドリブンの プランニング	② マーケティングの 失敗	② 予算バイアス・マーケティングの失敗	
	③ 消費者理解	③ 事業、ブランド横断の予算調整・ 消費者理解	
データドリブンの フォーキャスティング	① 因果モデル・AI	① 類似品ベース	① 時系列モデル
	② ナレッジ不足・ 学習データ不足	② 季節性想定ミス・ トレンド想定ミス	② 外部環境変化
	③ ナレッジマネジメント・ 特徴量エンジニアリング ・データセンシング	③ 属性×季節性分析 ・トレンド分析	③ 市場モニタリング 自動化・ アジャイルな予測 更新

①代表的なロジック　②予測精度悪化の原因　③対策

表終-1　需要予測のパフォーマンスマネジメント例

　縦軸は、データドリブンの Demand Forecasting と、それにマーケティングの意思を加味したデマンドプランです。横軸は、製品のライフサイクルであり、マトリクスのどの領域の予測精度が悪いのか（悪化したのか）を踏まえ、改善アクションを検討するというものです。

　発売前の需要予測で、マーケティングの意思入れ前であれば、例えば AI の学習データの質や量が不足している可能性があります。これは新たな特徴量エンジニアリングやデータセンシングで改善することが有効です。一方、マーケティングの意思を加味した後であれば、それは基本的にマーケティングの失敗が原因であり、ほとんどが計画ほど売れずに過剰在庫が発生する、という事態になっているはずです。

・マーケティング部門が消費者の心理を読み違えたのか

・考えたマーケティングプロモーションをなんらかの理由で営業部門が実行できなかったのか

そういった視点で関係者にヒアリングしつつ、根本原因を分析によって可視化していくことが必要になります。

　発売から1～2年が経過した製品で、意思入れがされていないデマンドフォーキャストの精度が悪いのであれば、季節性の想定が間違っている可能性があります。2年以上が経過し、その製品の季節性がわかっている場合は、外部環境が変

化した可能性が高くなります。どちらの場合も精度悪化の原因を踏まえ、早急に需要予測を更新しなければなりません。特に例えばウイルスの感染拡大や国家間の関係性の変化による為替変動などの外部環境の変化は、精度高く予測できるものではありません。いかに早期に環境変化を察知し、需要予測を更新できるかに注力すべきです。

　こういった既存製品で、意思入れがされた後のデマンドプランの精度が悪いのであれば、その意思入れがなぜ精度の悪化を招いたのかを分析します。たいていは予算によるバイアスなので、意思入れの対象とする既存製品は適切にしぼりこむことが重要になるでしょう。

　以上のように、人による意思入れの有無と、発売後の経過期間を掛け合わせたマトリクスで予測精度を管理できれば、効果的な精度改善のアクションを検討することができます。需要予測の精度は、掛け声や根性では上がりません。冷静に定量データを分析し、関係者から定性情報も集めて総合的に考えることで、適切な改善アクションを実行することが可能になるのです。もちろん、マトリクスの軸はこれ以外にもあるでしょう。重要なのは、こうした分解と、それぞれの領域に合わせたロジカルな改善案を実行することです。

　筆者がたどりついた理想の需要予測オペレーションと、そのパフォーマンスマネジメントについて具体例を挙げつつ紹介しましたが、いかがでしたでしょうか？　それぞれの要素の詳細な内容は、本書の19の章で解説してきたつもりです。その過程で、需要予測やSCMだけでなく、経営学の理論も紹介しました。本書に記載した一つ一つの内容は、世界のどこかで発表されたり、実行されたりしているものですが、こうして需要予測の目線で掛け合わせたアイデアは他ではみられないはずです。ここに記したアイデアが、みなさんの需要予測、SCMを進化させるのに役立てば嬉しいです。

　筆者はこれからも需要予測の研究とビジネスでの応用をつづけていきます。その中で、いつかみなさんと需要予測について議論し、新しい知を生み出せる日がくることを楽しみにしています。

山口雄大

Appendix

筆者による需要予測の調査概要

①調査対象

「SCM とマーケティングを結ぶ　需要予測の基本」講座（日本ロジスティクス
システム協会）受講企業と、筆者が講演等を行った企業のべ150社

②調査期間

2018年〜2020年

③調査方法

質問紙によるアンケート

④調査内容

・業界や SKU 数

・需要予測を担う組織、需要予測担当者数

・使用している予測モデル（既存製品・新製品）

・予測精度評価指標と目標

・ナレッジマネジメントのしくみ

・需要予測で感じている課題

索　引

欧　字

Accuracy　→精度
Agency Problem　→エージェンシー問題
Agency Theory　→エージェンシー理論
AHP（Analytic Hierarchy Process）　→階層化意思決定法
Analogous Forecasting　85
Analytics Forecasting　→アナリティクス予測
APICS　45, 46
ARIMA モデル（Auto Regressive Integrated Moving Average Model）　18, 71, 73
Assumption-Based Modeling　143
Available Inventory　→（未引当）利用可能在庫
Bounded Rationality　→限定合理性
Business and Supply Capacity　→企業の成長戦略と供給キャパシティ
Causal Methods　→因果モデル
Cognitive Bias　→認知バイアス
Confirmation Bias　→確証バイアス
Consensus Forecasting　→コンセンサス予測
CRM（Customer Relationship Management）　→顧客関係管理
Cyclicity　→循環性
Delphi Method　→デルファイ法
Demand Forecasting　16, 207
Demand Planning　16, 50
E&O 在庫（Excess and Obsolete Inventory）　32
Exploration & Exploitation　iii

Exponential Smoothing　→指数平滑法
Extrinsic Motivation　→外発的動機
Forecast Error　→予測誤差
Forecast Horizon　→需要予測範囲
Forecast Interval　→需要予測周期
Forecast Value Added　→予測付加価値
Gross Inventory　→総在庫
Heuristics Forecasting　→ヒューリスティクス予測
Intrinsic Motivation　→内発的動機
Judgmental Forecasting　→判断的予測
Jury of Executive Opinion　→トップダウン予測
KPI（Key Performance Indicator）　9, 193
Machine Learning　→機械学習
MAD（Mean Absolute Deviation）　→平均絶対予測誤差
Manufacturing Planning and Control　47
MAPE（Mean Absolute Percentage Error）　→平均絶対予測誤差率
MASE（Mean Absolute Scaled Error）　173
MRP（Material Requirements Planning）　→資材所要量計画
Net Inventory　→（未引当）利用可能在庫
New Combination　iii
Organizational Learning　→組織学習
PE（Percentage Error）　→予測誤差率
PoC（Proof of Concept）　77, 115
Publishing Bias　→公表バイアス
Range Forecast　→幅を持った需要予測
ROA（Return on Assets）　→総資本事業利益率
S&OP（Sales and Operations Planning）

6, 46, 103

Sales Force Composite →営業担当者による見込み値の積み上げ

SAVVY framework 156

SCM（Supply Chain Management） →サプライチェーーンマネジメント

SE（Scaled Error） 173

Seasonality →季節性

SECI 理論 →知識創造理論

Sensitivity Bias →市場感応度バイアス

SKU（Stock Keeping Unit）数 8

State Space Model →状態空間モデル

Statistical Safety Stock →統計安全在庫

Strategic Stock →戦略在庫

Time Series Methods →時系列モデル

Uncertainty →不確実性

Volatility →変動可能性

あ 行

アジリティ（Agility） 86, 97, 161

後知恵バイアス 137

アナリティクス予測 123

アラートマネジメント 159, 182

移動平均法 66, 67

因果モデル 17, 61, 83, 84, 124

ヴァライアンス（Variance） 138

営業担当者による見込み値の積み上げ 143

エージェンシー問題 187

エージェンシー理論 188

オペレーションズマネジメント（Operations Management） i, 29, 46

か 行

階層化意思決定法 143

外発的動機 200

カウンターフォーキャスト 186

確証バイアス 20, 135, 136

間欠需要 79

機械学習 71, 77

企業の成長戦略と供給キャパシティ 9

基準比率の無視 137

季節性 53, 67, 68

クロストンモデル（Croston Model） 79, 80

経営学 16, 21, 22, 185, 200

ゲームプレイング（Game Playing） 107, 185

限定合理性 31, 187

公表バイアス 137

顧客関係管理 49

コンセンサス予測 56, 129

さ 行

サプライチェーン（Supply Chain） 4, 25, 27
——マネジメント（SCM） 3-5, 25, 45-48

サンクコスト 94

参照点の移動 137

時系列モデル 17, 61, 62, 64, 71, 77

資材所要量計画 25, 48

市場感応度バイアス 147-149

指数平滑法 64-66

需要管理 47, 49

需要予測周期 54

需要予測範囲 54

循環性 53

状態空間モデル 71, 76

ストラクチャルホール（Structural Holes） 38

精度 97

センスメイキング理論 162

戦略在庫 174, 175

総在庫 32

総資本事業利益率 5

組織学習 89, 189, 190

た 行

代表性ヒューリスティクス 135, 136

知識創造理論　190, 191

デジタルトランスフォーメーション（DX）
　161-163

デマンドプランナー（Demand Planner）
　30, 31, 41-43, 88, 108, 109, 124, 163, 174,
　178, 193, 197-203, 205-207

デマンド（プランニング）ブリーフ（De-
　mand（Planning）Brief）　51, 177-180,
　207

デマンドマネジメント（Demand Manage-
　ment）　→需要管理

デュアルフォーキャスティング（Dual Fore-
　casting）　57, 58

デルファイ法　62, 143

統計安全在庫　26

統計学　16, 18-21, 108, 109

特徴量エンジニアリング　64, 78, 117, 118

トップダウン予測　143

トラッキングシグナル（Tracking Signal）
　172

トレンド（Trend）　53, 66-68

な　行

ナイーブフォーキャスト（Naive Forecast）
　173

内発的動機　200

ナレッジマネジメント（Knowledge Man-
　agement）　20, 51, 89-91, 95, 137, 178

認知科学　16, 19-21

認知バイアス　20, 93, 107, 134-137

ノイズ（Noise）　53

は　行

バイアス（Bias）　134-137, 171, 172
　――ヴァライアンスジレンマ（Bias
　Variance Dilemma）　138, 140

幅を持った需要予測　91, 118

判断的予測　17, 18, 20, 56, 61, 62, 81, 133,
　143

ヒューリスティクス（Heuristics）　134,
　135, 137, 139, 140, 143
　――予測　133, 140

フォーキャスティングチャンピオン（Fore-
　casting Champion）　201

不確実性　118, 167, 174

分析的予測　→アナリティクス予測

平均絶対予測誤差　172
　――率（MAPE）　169-171, 193, 194

変動可能性　168

ホルト・ウインタースモデル（Holt-Winters
　Model）　67-69

ま　行

マーケットインテリジェンス（Market In-
　telligence）　42

マーケティング　17, 35-38, 49-51, 85, 86,
　115, 116

マクロフォーキャスト　183, 184

マスタースケジューリング（Master Sche-
　duling）　47, 48

（未引当）利用可能在庫　32

モラルハザード　188

や　行

予測誤差　137, 168, 169, 174, 180
　――率　93, 169

予測付加価値　173

ら　行

リスク（Risk）　167

リソース・ベースト・ビュー（Resource
　Based View）　12

利用可能性ヒューリスティクス　135, 136

●執筆者紹介

山口雄大（やまぐち・ゆうだい）

青山学院大学グローバル・ビジネス研究所研究員、NEC 需要予測エヴァンジェリスト。
東京工業大学生命理工学部卒業。同大学大学院社会理工学研究科修了。同イノベーションマネジメント
研究科ストラテジック SCM コース修了。早稲田大学大学院経営管理研究科修了。
化粧品メーカーのデマンドプランナー、S&OP グループマネージャー、青山学院大学講師（SCM）を
経て現職。他、JILS「SCM とマーケティングを結ぶ！需要予測の基本」講師や企業の需要予測アドバ
イザーなどを兼職。
Journal of Business Forecasting などで研究論文を発表。著書に『需給インテリジェンスで意思決定を進
化させる サプライチェーンの計画と分析』（日本実業出版社、2024年）や『企業の戦略実現力—オペレ
ーションズマネジメント入門』（共編著、日本評論社、2023年）など多数。

オペレーションズ・マネジメント選書
需要予測の戦略的活用
マーケティングとサプライチェーンマネジメント（SCM）をつなぐ

2021年 9 月20日　第 1 版第 1 刷発行
2024年10月 5 日　第 1 版第 2 刷発行

著　者——山口雄大
発行所——株式会社日本評論社
　　　　　〒170-8474　東京都豊島区南大塚3-12-4　電話 03-3987-8621（販売）、8595（編集）
　　　　　振替　00100-3-16
　　　　　https://www.nippyo.co.jp/
印　刷——精文堂印刷株式会社
製　本——株式会社難波製本
装　幀——淵上恵美子
検印省略 © Yudai Yamaguchi, 2021
Printed in Japan
ISBN978-4-535-54015-6